Gerda Lorentz
Freispiel im Kindergarten

W0089951

praxisbuch kindergarten

Gerda Lorentz

Freispiel im Kindergarten

Chancen
seines bewußten Einsatzes

Herder Freiburg · Basel · Wien

Gedruckt auf umweltfreundlichem,
chlorfrei gebleichtem Papier

9. Auflage

Einbandfoto: Arnold Brunner, Horben

Alle Rechte vorbehalten – Printed in Germany
© Verlag Herder Freiburg im Breisgau 1993
Herstellung: Freiburger Graphische Betriebe 1996
ISBN 3-451-19330-2

Vorwort

Aus der intensiven Beschäftigung mit dem Freispiel als einer der im Kindergarten angewandten Methoden ist dieses Buch entstanden. Ich möchte zeigen, wie wichtig das Freispiel für die Entwicklung und damit auch für die Förderung der Kinder ist und welche Chancen sich für den Kindergarten eröffnen, wenn es bewußt eingesetzt wird.

Die Rahmenpläne und Curricula befassen sich – mehr oder weniger – nur mit dem durch die Erzieherin planbaren oder vorgeplanten Geschehen. Das Freispiel blieb in der bisherigen Diskussion um den Kindergarten unbeachtet, und als Methode ist es schwer faßbar. Man kann das an der mangelnden Literatur zu diesem Thema ablesen – hingegen über das Spiel allgemein gibt es inzwischen eine Fülle an Büchern und Theorien.

Hier versuche ich, die Pädagogik des Kindergartens von der Bedeutung her, die ich dem *Freispiel als Methode* beimesse, aufzuzeigen. Einem spezifischen Förderungskonzept will das Buch nicht folgen. Wichtig ist ihm jedoch die Förderung der persönlichen Selbständigkeit und inneren Freiheit. Der hier vorgetragene Ansatz versteht sich somit als ein Versuch, eine allgemeine und menschliche Förderung durch das Leben im Hier und Jetzt zu erreichen – zunächst in bezug auf das Freispiel, dann aber auch ausstrahlend auf die übrigen Methoden der Kindergartenarbeit und auf die Beziehungen der Menschen, die durch die Tatsache des Vorhandenseins einer Institution Kindergarten zusammengekommen sind.

Indem das Kind *Kind* sein darf – aber weder im „Kind-Bild" des Erwachsenen festgehalten, noch in Erwachsenen-Verhaltensweisen hineingedrängt wird – kann es *sein* Menschsein je und je realisieren und sich so *seinen* Realitätsbezug, *sein* Weltbild, *sein* Selbstverständnis, *seinen* Weltbezug und *seine* Beziehungen zu den Mitmenschen *erlebend aufbauen.* In der Möglichkeit dieser Eigentätigkeit, die eines dem Kinde angepaßten, aber flexiblen Rahmens zur Realisierung bedarf, liegen die *Freiheit* und die *Systematik* der hier vertretenen Pädagogik für das *Kind und* für den *Erzieher* – jedem entsprechend seiner Persönlichkeit und seiner Entwicklung innerhalb einer sozialen Gruppe.

Dieses Buch über das Freispiel verdankt sein Entstehen vor allem der Ermunterung meiner Mutter, aber auch der Unterstützung von Frau Direktorin Marta Högemann.

Die Auseinandersetzung mit dem Freispiel geht auf meine Ausbildung als Kindergärtnerin am Fröbelseminar in Mannheim, meine Praxis im Kindergarten St. Bernhard in Rastatt als Kindergärtnerin, im Schulkindergarten der Stadt Nürnberg als Sozialpädagogin, beim Diözesan-Caritasverband der Diözese Regensburg als Referentin für Modellkindergärten und Fortbildung der Erzieherinnen und an der Kath. Fachakademie für Sozialpädagogik in Weiden als Dozentin zurück.

Besonderen Dank möchte ich meinen Kolleginnen im CV Regensburg und den Erzieherinnen dieser Diözese aussprechen, mit denen ich intensiv zusammenarbeiten konnte. Mit ihnen – und mit Erzieherinnen der Diözese Passau – erarbeitete ich einen Teil der Unterlagen, die in diesem Buch zur Veröffentlichung gelangen.

Die Durchsicht des Manuskriptes besorgten Marta Högemann, Eleonore Striewe, Gunda Ibscher und Hannelore Friedrichsen. Ihnen verdanke ich wertvolle Hinweise und Anregungen.

Möge das Buch einem weiten Kreis von Erzieherinnen als Anregung zum Nachdenken und Argumentieren dienen und bei der Arbeit mit den Kindern hilfreich sein.

Gerda Lorentz

Inhalt

1 Bedeutung des Spielens für die kindliche Entwicklung

Das Kindergartenkind im Alter von 3 bis 6 Jahren ist nicht be lehrbar. Es lebt aus seiner inneren Substanz heraus und nimmt von sich aus auf, wozu es aufgrund seiner psychischen Gegebenheiten fähig ist. Montessori nennt das den „absorbierenden Geist", der das kleine Kind befähigt, so ungeheuer viel aus seiner Umgebung zu lernen. Sie beschreibt, wie echtes, konzentriertes Spiel (bei ihr „Arbeit") kreative Arbeit des Kindes am Aufbau der eigenen Persönlichkeit ist. Ebenso weiß Fröbel, daß das Kind aus innerem Drang heraus tätig sein möchte und einer Umgebung bedarf, in der es diesem Tätigkeitsdrang in freier und selbständiger Weise nachgehen darf.

Im Spiel ist das Kind mit allen seinen Fähigkeiten aktiv: Es muß sich konzentrieren, es handelt und beobachtet die Wirkungen seines Handelns, es entdeckt Zusammenhänge, es erfährt die physikalischen Eigenschaften der Dinge, es erlebt das Miteinander mit anderen Spielkameraden und ist dadurch emotional und sozial gefordert. Alle Fähigkeiten, die ein Spiel beansprucht und herausfordert, übt es zugleich auch. Von daher ist zu verstehen, daß die Kinder nur im Miteinander den Umgang mit anderen Menschen erlernen können; daß sie in der Befriedigung nach einer Konzentration das Bedürfnis erfahren, ähnliches wieder zu erleben.

So erkennen wir im Spielen der Kinder einen Selbstbildungsprozeß, der von außen nicht gestört werden sollte. *Das* – und nicht das tatenlose „Reifen lassen" – meint Fröbel im Bild der Pflanze, die ungestört wachsen soll. Es enthebt nicht der Verantwortung dafür, das Angebot zum Spielen den Bedürfnissen der Kinder entsprechend vielfältig und anregend zu gestalten. Es ist die geistige Nahrung, die das Kind im Spielen unter dem ganzheitlichen Einsatz seines Körpers und dem Mitschwingen seiner Seele sucht und findet.

Der Prozeß, in dem etwas zum inneren Eigentum wird, ist von geistigem Erfassen, von Willensimpulsen, die sich in körperlichem Handeln kundtun, und von seelischen Kräften, die geistige Wachheit, innere Spannkraft und Energien freisetzen, begleitet. So kann die Wirkung des Spielens unter drei Aspekten gesehen werden, die einander wechselseitig durchdringen:

- Eindruck: Das Kind erlebt und erfährt Eigenschaften und Funktionen der Dinge im Umgang mit ihnen – ihre physikalischen Gesetze und Qualitäten, wie: warm/kalt, hart/weich, groß/klein, verformbar/stabil u. a. m.

- Ausdruck: Auf der Basis erster Kenntnisse und dem Ausprobieren der eigenen Handlungsmöglichkeiten erlebt das Kind, daß es Wirkungen hervorbringen kann mittels seiner Stimme, seines Körpers, Materialien oder Puppen. Es erfährt dabei auch seine Fähigkeiten: Übt sein Durchhaltevermögen, bildet seinen Geschmack, gewinnt Selbstsicherheit und Selbstvertrauen und Freude an eigenen Gestaltungen, entwikkelt dabei seine Kreativität.

- Selbsterfahrung: Das Kind erlebt sich mit seinem Tun immer im sozialen Zusammenhang. Es fühlt sich angespornt durch Zuwendung und Anerkennung und dadurch auch in seinem Wert bestätigt. So lernt es, neue Fähigkeiten auszuprobieren und zu erwerben. Aber es lernt auch, sich unter Kameraden (und Erzieher) sozial zu bewegen, das heißt: ein Spiel anzuregen, gemeinsam durchzuführen, zu dirigieren und sich einzuordnen. Es lernt, sich durchzusetzen ebenso wie zu verzichten, zu helfen und Rücksicht zu nehmen. Es übt Mitgefühl und Toleranz.

Mit manchem Spielmaterial verbinden sich Gefühle, und dadurch werden Gemütswerte wie Hingabe, Sorge und Liebe gefördert. Diese vertiefen sich noch durch die gemeinsame Pflege und den Umgang mit Lebendigem, mit Tieren und Pflanzen.

Das Kind lernt, seine Möglichkeiten und Grenzen wirklichkeitsnah einzuschätzen.

Nur auf der Basis der eigenen Erfahrungen kann das Kind sich *auf seine Weise* die Welt erobern und sich *sein* Weltbild aufbauen. Nur diese eigenen Erfahrungen summieren sich unter anderem auch zur Intelligenz.

Im Spielen ist kein systematisches Lernen möglich. Der Erwachsene ist von seinem Denken ausgehend geneigt, dem systematischen Lernen den Vorzug zu geben und das umfassendere Lernen durch das Spielen – weil es seiner Logik weniger leicht zugänglich ist – gerne zu übersehen oder abzuqualifizieren. Das kleine Kind systematisch fördern zu wollen, zeugt jedoch von Unverständnis gegenüber dessen psychischer Entwicklung und gegenüber dessen Bedürfnissen.

Kinder, die spielen, sind mit sich und der Umwelt konfrontiert, und es ist nicht vorher festlegbar, welche Erfahrungen innerer oder äußerer Art bei einem bestimmten Spiel die erlebnistieferen sind, da das Kind bei jedem Spiel mit allen seinen körperlichen und geistig-seelischen Kräften beteiligt ist. Deshalb läßt sich das Spiel für viele Ziele vereinnahmen.

Die im Sinne bestimmter Ziele eingesetzten Spiele werden jedoch fragwürdig, wenn sie nur auf isolierte Bereiche der menschlichen Entwicklung gerichtet sind und dadurch die Gesamtpersönlichkeit vernachlässigen[1].

Erwachsene beurteilen das Tun des Kindes häufig nach ihren Maßstäben von „nützlich" und „sinnvoll". Das Tun muß ein Ergebnis zeitigen und ein Ziel verfolgen oder einem Zweck dienen. Das Kindergartenkind selbst freut sich einfach an seinem Tun, den Wandlungen und Veränderungen, die es durch seine Bewegungen entstehen sieht, am Prozeß seiner Handlung: dem Entstehen seines Werkes. Ihm genügt das Miterleben des Prozesses.

 Zum Beispiel wird ein Bauwerk wieder eingerissen und ein neues begonnen, wenn das erste nicht mehr zu weiterem Spielen aufforderte. Es wird stehen gelassen, wenn weiteres Spielen damit möglich ist, kaum aber, weil es „fertig" ist. Oder: Ein Kind malt von sich aus nicht, weil es ein „Bild" malen möchte, sondern weil es gerade Freude am Malen selbst hat, an der Tätigkeit des Malens, dem Umgang mit den Farben.

Der *Weg,* der *Prozeß* ist das *Ziel* seines Tuns – nicht das Ergebnis oder das Produkt. Damit ist das Tun des Kin-

---

[1] Vgl. Vom Sinn und Unsinn der „Lernspiele" in: D. Höltershinken: Spielzeit, 1980, S. 60.

des niemals an ein Ende gelangend, immer offen. Es hört nicht auf, wenn das Ziel erreicht, der Zweck erfüllt ist – weil es diese nicht kennt –, sondern dann, wenn die innere Spannkraft, die es zur Aktivität treibt, für den Augenblick abgesättigt, erschöpft ist. Es hört auch auf, wenn etwas anderes seine Aufmerksamkeit anzieht oder wenn es von außen aus seiner Tätigkeit herausgerissen wird.

Jedes Kind kommt mit individuellen Anlagen und der besonderen Prägung durch seine Familie in den Kindergarten. So sind die Bedürfnisse und Entwicklungsstadien der Kinder unterschiedlich. Die Erzieherin ist auf ihre Beobachtung und auf ihr Einfühlungsvermögen angewiesen, wenn sie das Freispiel weder zu einem beaufsichtigten Spielen-lassen, noch zu einem geführten Lernen machen will, bei dem sie die Eigeninitiative der Kinder ständig beschränken müßte. Erst wenn der Erwachsene die Bedingungen kennt, unter denen sich kindliches Spielen spontan entfaltet, kann er durch das Arrangement dieser Bedingungen das selbständige Tun der Kinder anregen und fördern. Es ist wesentlich, daß das Kind in seiner Initiative, seinem Tätigsein-wollen, Anteilnahme erfährt und Möglichkeiten dafür vorfindet. Diese Möglichkeiten gibt die *vorbereitete Umgebung* des Kindergartens. „Dabei stehen für Kinder im Kindergartenalter *Spielhandlungen* bzw. *freie Aktivitäten* im Vordergrund ihres Interesses, d. h. Handlungen, die die Kinder aufgrund eigener Entscheidungen und um ihrer selbst willen ohne äußere Verpflichtung beginnen, durchführen und wieder aufgeben können, wann und wie und mit wem sie wollen."[2]

---

[2] H. Merker u. a.: Spielprozesse im Kindergarten, 1980, S. 184.

Da die innere Entwicklungssituation eines Kindes von außen nie genau beurteilbar ist, ist die Freiheit der Wahl und die Gleichzeitigkeit verschiedener Schwierigkeitsstufen im Spiel- und Materialangebot Voraussetzung für eine wirkungsvolle Förderung ebenso wie das Vorhandensein von Spielkameraden. So werden nicht nur einige isolierte Fähigkeiten „spielerisch" (!) gefördert, sondern im Spiel fördert sich das Kind ganzheitlich selbst: emotional, sozial, intellektuell und körperlich[3]. Das Spiel verliert auf diese Weise nicht an Spontaneität und bleibt echtes Spiel, weil es Lebensausdruck des Kindes bleibt und keinem Zweck oder Ziel dienstbar gemacht wird. Das Kind spürt sehr genau, wenn der Erwachsene das Spiel benutzt, um bestimmte Verhaltensweisen zu erreichen oder Wissen zu vermitteln – ob es also *spielen* darf oder ob es *spielerisch lernen* muß.

Der Erwachsene, der Kinder durch Spiel fördern will, muß bereit sein, die Kinder auf ein ihm unbekanntes Ziel hin zu fördern – nämlich die Ausbildung der Persönlichkeit der Kinder und deren Fähigkeiten. In *diesem* Verständnis von Ziel und Zweck des kindlichen Tuns gewinnt der Erwachsene ein neues Verständnis von sich selbst und vom Kinde. Er lernt zu sehen, daß nicht nur das Kind von ihm lernen kann und muß, sondern auch, daß Kinder Fähigkeiten besitzen, die der Erwachsene von ihnen (wieder) lernen kann (Spontaneität, Unbefangenheit, Offenheit, Neugier u. a. m.) – nicht (nur!) zum Zweck der Leistungssteigerung und des größeren Erfolges wegen, sondern einfach (auch),

---

[3] Vgl. hierzu: S. Hebenstreit: Spieltheorie und Spielförderung im Kindergarten, 1979; siehe auch H. Müller/P. Oberhuemer: Kinder wollen spielen – Spiel und Spielzeug im Kindergarten (Reihe: Praxisbuch Kindergarten), 1986.

um die Unmittelbarkeit, mit der das Kind sein Leben lebt, die *Daseinsbejahung als Lebensqualität* wieder zu finden und sich dadurch eine innere Freiheit zu erarbeiten.

Das Spiel hat es nicht nötig, sich durch andere (Lern- oder Heil-)Qualitäten zu rechtfertigen, weil es in sich Freude und Bereicherung bietet und die kindliche Form der Auseinandersetzung mit dem Leben ist. Damit ist das kindliche Spiel qualitativ etwas anderes wie das Spiel der Erwachsenen, deren Leben sich in Arbeit und Erholung gestaltet.

2

Was Freispiel ist und nicht ist

Auf der Suche nach den Merkmalen, die eine Situation als *Freispiel* kennzeichnen, fand ich im Austausch mit Erzieherinnen folgendes:

▶ Mit *Freispiel* wird eine bestimmte *Zeitdauer* und eine bestimmte *Situation* im Kindergarten (das heißt: innerhalb der Grenzen eines vorgegebenen Rahmens) bezeichnet, während der und in der die Kinder

- ihren Spielort selbst wählen können;
- entscheiden können, was sie tun möchten (zum Beispiel: spielen, zuschauen, ausruhen, bauen, werken u. a. m.);
- alleine, mit Kameraden oder mit der Erzieherin (Helferin) zusammen etwas tun können;
- mit oder ohne Material spielen können, das sie aus einem relativ breiten Angebot sich selbst aussuchen dürfen;
- den Spielverlauf bestimmen können;
- bei einer aus verschiedenen Handlungsmöglichkeiten ausgewählten Tätigkeit verweilen können – die sie aber auch nach eigenem Ermessen beenden oder

abbrechen können – oder zu einer anderen Tätigkeit übergehen können;

● Intensität und Tempo ihres Tätigseins nach eigenem Bedürfnis und Kräfteverhältnis selbst bestimmen können;

 Zum Beispiel kann ein Kind, das von einer Sache gefesselt ist, trotzdem seine Tätigkeit häufig unterbrechen, bei anderen Kindern zuschauen und zu seiner Sache wieder zurückkehren – es kann genauso intensiv dabei sein wie ein anderes Kind, das sich selbst durch Störmaßnahmen nicht aus seiner Beschäftigung herausholen läßt. Das Wichtigste an beiden Situationen ist, daß das jeweilige Verhalten keine Anforderung von außen an das Kind ist, sondern ein vom Kind selbst gewähltes Verhalten.

● sich dem Tun hingeben oder sich selbst eine Aufgabe stellen können;

● alle in eine Gruppe einbezogen sind, unabhängig davon, ob sie im engeren Sinne spielen oder etwas anderes tun, das *sie* tun möchten – und unabhängig davon, ob sie für sich oder mit anderen zusammen einer Tätigkeit nachgehen.

Andreas Flitner benennt als Kriterium für das Freispiel: „,Freies Spielen' heißt, daß das Kind sich selber sein Spielthema wählen kann, also seinem eigenen Vergnügen und seinen seelischen Bedürfnissen darin zu folgen vermag."⁴

Freies Tätigsein

Es gibt in der Pädagogik Tendenzen, das gesamte Tun des kleinen Kindes als Spiel zu bezeichnen. So werden auch das Betrachten eines Bilderbuches, das Zuhören

---

⁴ A. Flitner: Spielen – Lernen, 1972, S. 108/109.

bei einer Geschichte – also aufnehmende Tätigkeiten – und das Kehren, Blumen-Gießen u. ä. – also Tätigkeiten pflegerischen Charakters – als Spiel so lange angesehen, als sie um ihrer selbst willen getan werden.

Ein kleines Kind, das abstauben möchte, wenn es diese Tätigkeit bei der Erzieherin sieht, „spielt" nicht abstauben, sondern es ahmt die Tätigkeit nach, es möchte mittun, dabei sein.

Auch die gestalterischen Tätigkeiten wie Malen, Nageln, Leimen u. a. m. werden mit Spiel bezeichnet, solange sie das Kind um der Tätigkeit willen und nicht des Ergebnisses wegen ausführt. Aber ein vierjähriges Kind „spielt" nicht „malen", sondern *malt*. Es „spielt" auch nicht „Bilderbuch-betrachten", sondern betrachtet.

Die Kinder sind aufnehmend oder kreativ tätig, aber sie spielen nicht mit der Farbe, die sie anzuwenden wissen, und dem Buch, mit dem sie umzugehen verstehen.

Das Freispiel umfaßt das Spielen des Kindes und alle vorgenannten Tätigkeiten, denen die Kinder von sich aus nachgehen können. Somit ist der pädagogische Wert des Freispiels nicht nur in *dem Tun* zu sehen, das Spielcharakter hat, sondern in *allem Tun,* zu dem ein Kind *von sich aus* die Initiative ergreifen kann, weil es von den Verhältnissen und dem Angebot her möglich ist. Die Bezeichnung *Freispiel* führt insofern irre, als eben die oben genannten Tätigkeiten nicht mitgemeint zu sein scheinen. Jede Erzieherin weiß aber, daß das Freispiel die Zeit der *freien Tätigkeit* der Kinder ist.

Maria Maas charakterisiert das Freispiel so: „Das Wort ‚Freispiel' ist im Verlauf der Geschichte der Kindergartenpädagogik zu einem feststehenden Begriff geworden. Man bezeichnet damit die Zeitspanne im Tagesablauf, in der Kinder in möglichst freier Selbstbestimmung ihre Tätigkeit wählen und spontan aufbrechenden Spielbedürfnissen nachgehen können. Im Freispiel suchen sie ihr Spielmaterial und ihre Spielpartner selbst aus, setzen sich selbst ihre Ziele und Spielaufgaben und bestimmen von sich aus Verlauf und Dauer eines Spiels."

Davon hebt sie die angeleiteten Beschäftigungen ab:

„In Abgrenzung von dieser Art Aktivitäten des Kindes spricht man von gelenkten Gemeinschaftsbeschäftigungen oder von den von der Gruppenleiterin strukturierten Spielen, wenn unter der Leitung der Erzieherin bestimmte Spielinhalte durchgearbeitet und von ihr festgelegte Lernziele verfolgt werden. Auswahl des Materials, Verlauf und Dauer der Beschäftigung werden hier weitgehend von der Erzieherin bestimmt."[5]

In der weitläufigen Spielliteratur wird nicht unterschieden zwischen den pädagogischen Formen und den nicht-pädagogischen Formen, in denen Spiel stattfindet.

● Als *spontanes Spiel* kann jedes Spielen bezeichnet werden, zu dem der Impuls vom Kind kommt – gleich, ob das Kind dann den Erwachsenen in der Rolle des Zuschauers oder des Mitspielers einbezieht oder nicht, auch gleich, ob das Spielmaterial einer „vorbereiteten Umgebung" entstammt oder ob es vom Kind zum Spielmaterial erhoben wurde.

Der Begriff „spontanes Spiel" sagt etwas über die Qualität des Spielens aus, nicht aber etwas über die Organisationsform.

● Mit *freiem Spielen* sollte meiner Meinung nach das Spielen bezeichnet werden, das die Kinder von sich aus beginnen, unabhängig davon, ob sie sich in einer „vorbereiteten Umgebung" befinden oder nicht (insofern ist das Freispiel im Kindergarten echtes freies Spielen mit der Qualität der Spontaneität). Will man diesen Be-

---

[5] M. Maas: Das freie Spiel im Kindergarten, in: kindergarten heute, Heft Nr. 2/1974, S. 51.

griff noch genauer fassen, muß man hinzufügen, daß bei diesem *freien Spielen* dem Erwachsenen *keinerlei* Funktion zukommt (insofern ist das Spiel im Kindergarten kein „freies" Spielen), es sei denn die des Verbieters, wenn ihn dieses Spielen der Kinder stört; oder die des Zuschauers, die ihm dann aber von den Kindern zugewiesen werden muß; oder die des Aufpassers, wenn er sieht, daß ein Kind sich oder andere gefährdet.

Dieses freie Spielen findet, so gesehen, in keinem „pädagogischen" Raum statt. Es ist also das selbstinitiierte Spiel der Kinder unter sich, zu dem kleine Kinder nur im Einzelspiel, größere Kinder auch im Gruppenspiel fähig sind.

● Für das Spiel, das das kleine Kind mit seiner Mutter oder einer anderen Bezugsperson betreibt, kenne ich keinen besonderen Begriff. Es ist weder professionell pädagogisch, noch ist es allein dem Kind überlassen. Ich würde es aber als „pädagogisch" ansehen, weil es ein auf den Erwachsenen angewiesenes Spielen ist.

Die nun folgenden Organisationsformen sind alle im Kindergarten üblich. Sie sind also zugleich *pädagogisch* und *institutionell*. Sie entsprechen einer bewußt betriebenen Pädagogik und sind an bestimmte umweltorganisatorische und verwaltungstechnische Bedingungen bis hin zur baulichen Konzeption gebunden. Ordnet man die verschiedenen Begriffe pädagogischer Organisationsformen nach dem Grad der Freiheit vom Spielen bis zur angeleiteten Beschäftigung, ergibt sich etwa folgendes Bild:

▶ Das *Freispiel* läßt sich für die meisten Kindergärten als „Spielen lassen unter Aufsicht" beschreiben. Dies trifft für das Spielen im Gelände oder auf dem Kindergarten-Spielplatz noch mehr zu als für das Spielen im

Gruppenraum. Dort erhalten die Kinder in der Regel mehr Anregungen und Hilfen zum Gelingen ihres Spielens. Unter *Freispiel* verstehe ich – und dies gilt für den Außenbereich ebenso wie für den Gruppenraum –, daß es ein komplexes Geschehen während einer bestimmten Zeitdauer ist, das sich jedes Mal neu aus dem spontanen Tätig-werden der Kinder *und* der zurückhaltenden Aktivität der Erzieherin entwickelt. Dem Freispiel kommt die Qualität des freien und des spontanen Spielens zu, eingebettet in unterstützende pädagogische und institutionelle Bedingungen, sofern sie bestimmten Anforderungen genügen.

Wenn die Kinder die Erzieherin bitten, mit ihnen zu spielen oder auch eine bestimmte Beschäftigung durchzuführen, so ist es zwar der Sache nach eine „angeleitete Beschäftigung", dem Ursprung nach aber eine von den Kindern selbst gewählte Betätigung und also dem Freispiel zuzuordnen, solange die Kinder von sich aus aufhören dürfen.

▶ Die *zweite Spielzeit* oder das *gelenkte Freispiel* ist aus einer Notlösung entstanden: Während ein Teil der Kindergruppe zu einer angeleiteten Beschäftigung zusammengefaßt wird, hat der andere Teil der Kindergruppe innerhalb einer gewissen Material-Vorauswahl bzw. Materialeingrenzung Freispiel. Auf diese Weise hat die Erzieherin bei der angeleiteten Beschäftigung nicht alle Kinder zu betreuen und vermeidet dadurch unnötige Wartezeiten und Disziplinschwierigkeiten desinteressierter Kinder. Die Einschränkung der Materialauswahl für den anderen Teil der Gruppe soll verhindern, daß diese frei spielende Gruppe zu laut wird und dadurch die Beschäftigungsgruppe stört. Die Teilung der Gruppe ermöglicht also eine relativ größere Freiheit in der Wahl für die Kinder. Diese Kompromißlösung ergibt sich, wenn die Erzieherin keine Helferin zur Verfügung hat und trotzdem keine Massenbeschäftigung durchführen will, weil sie den Kindern individueller gerecht werden möchte.

▶ Die *angeleiteten Beschäftigungen* sind Tätigkeiten, bei denen – im Gegensatz zum Freispiel – die Erzieherin die Anleitende, Anbietende, Agierende ist (zum Beispiel beim Erzählen, beim Werken, Singen, Rhythmik, Sing- und Kreisspiele usw.) und die Kinder mehr in der aufnehmenden, nachvollziehenden, ausführenden Rolle sind. Die Initiative geht meist von der Erzieherin aus, und sie spricht ein Kind, mehrere Kinder oder auch die ganze Gruppe an, mitzumachen. Der Begriff „gelenktes Spiel" oder „angeleitetes Spiel" führt irre, wenn damit die „angeleiteten Beschäftigungen" bezeichnet werden, weil es nicht immer Spiele sind, wenn gemeinsam einer Beschäftigung nachgegangen wird.

Die angeleiteten Beschäftigungen sind – je nach der Funktion, der sie dienen – zu unterscheiden:

● Eine Aufgabe der angeleiteten Beschäftigung ist es, daß sie dem *Gemeinschaft-Erleben* im Miteinander-Tun dienen, sei es bei Spielen, sei es bei Basteleien, beim Musizieren, beim Bilderbuch-Betrachten, bei der Rhythmik, beim Sich-Erzählen u. a. m. Die Polarität *Ich* und *Wir* wird dabei nicht als Gegensatz, sondern als Spannungsfeld erfahren.

● Zugleich dient ein großer Teil dieser Beschäftigungen auch der Anregung des spontanen Tuns der Kinder während des Freispiels und – bei entsprechender Elternarbeit – auch ihrer freien Zeit zu Hause. Alle Werk- und Basteltätigkeiten sollten speziell dieser *Anregung* dienen, so wie auch ein Teil der musischen Beschäftigungen (malen, musizieren, erzählen u. a. m.). Deshalb sollten die meisten Beschäftigungen nicht als Gruppenbeschäftigung mit der ganzen Gruppe von heute in der Regel 20 bis 25 Kindern, sondern nur mit 1 bis 5 Kindern (bei Werk- und Basteltätigkeiten, Gesprächen usw.), manche auch mit 10 bis 12 Kindern (Rhythmik, Gymnastik, Kreisspiele, Gespräche, Erzählen u. a. m.) durchgeführt werden.

● Außerdem können angeleitete Beschäftigungen die Erlebniswelt des Kindes bereichern.

Den angeleiteten Beschäftigungen zuzurechnen sind:

● Die gezielt angelegte *Lernsituation*, die es im Kindergarten in der von der Schule übernommenen Form seit der Diskussion um das Frühe-Lesen-Lernen leider auch gibt und die der Wissensvermittlung dient. Sie ist von den bisher üblichen pädagogischen Organisationsformen zu unterscheiden.

● Dem stehen die *didaktischen Spiele* nahe. Sie sind insofern keine echten Spiele, als ihnen vom Erzieher immer bestimmte Ziele zugrundegelegt werden und die Form des Spielens nur das angestrebte Ziel sichern soll. Daher arten didaktische Spiele auch leicht in Belehrungen, Übungen oder Wettbewerbe aus, für die die Kindergartenkinder noch nicht die seelische Reife erlangt haben.

● Die *Unterweisung* bezeichnet jegliches Einführen der Kinder in den Umgang mit Werkzeug, Gebrauchsgegenständen, Material, Spielmaterial usw., das den Kindern eine größere Selbständigkeit im Umgang mit diesen Dingen ermöglicht und eine größere Sicherheit in den Bewegungen vermittelt. Auch das Zuknöpfen, Schleifen-binden u. ä. gehört hierher.

● Der Vollständigkeit halber sei noch die *Exkursion*

genannt, Besuche, die ins Museum, in die Backstube, zur Post, zu Handwerkern, in Einkaufsläden, zur Feuerwehr, zur Baustelle (vor dem Zaun bleiben!), zu einem Kinder- oder Altersheim (um Freude zu bringen) usw. führen können;

● der *Spaziergang*, der zu einem Spielplatz, ins Feld, in den Wald oder um den Häuserblock führen kann, und

● das *Feste feiern*, kirchliche, jahreszeitliche, persönliche.

Die drei letztgenannten Beschäftigungsformen sind Höhepunkte im Kindergartenalltag und bereichern das Freispiel durch ihre Erlebnisqualität.

Die Frage nach der Definition von Freispiel hat quer durch einen Teil der Kindergarten-Methodik geführt. Sie mußte so ausführlich behandelt werden, um:

– das von den Kindern selbst veranstaltete Spiel ohne den Erwachsenen von dem auch selbst veranstalteten, aber in einer Institution stattfindenden Spiel begrifflich genau trennen zu können.

– später aufzeigen zu können, daß das Stattfinden des spontanen Spiels innerhalb einer Institution nur dann für die kindliche Entwicklung pädagogisch dem freien Spiel als gleichwertig veranschlagt werden kann, wenn die institutionellen Bedingungen durch die methodischen des Erziehers *bewußt* ergänzt werden. Damit wird das institutionalisierte Spielen zum Freispiel als Methode, die für das Alter der 3- bis 6/7jährigen die optimale Förderung darstellt. Eingebettet in das Freispiel als Methode – ihr zugehörig – haben angeleitete Beschäftigungen ihren unverzichtbaren Platz.

– deutlich werden zu lassen, daß die gezielt angelegte Lernsituation im Kindergarten verzichtbar ist, da Freispiel und angeleitete Beschäftigungen ausreichendes Förderungspotential enthalten und die methodische Form von „Lernsituationen" erst einem späteren Alter entsprechen.

▶ Das Freispiel unterscheidet sich vom Spiel, das Kinder unter sich veranstalten – dem freien Spielen – dadurch, daß:

● die Umgebung speziell zur Anregung von Spiel gestaltet und ausgestattet ist;
● es regelmäßig einen bestimmten Zeitabschnitt im Tagesablauf des Kindergartens einnimmt;
● immer potentielle Spielkameraden vorhanden sind – und
● mindestens ein Erwachsener den Kindern zur Verfügung steht.

▶ Das Freispiel unterscheidet sich von den Spielen, die die Erzieherin führt – den „gelenkten" Spielen und den angeleiteten Beschäftigungen – dadurch, daß:

● der Erwachsene nicht aktiv das Spielen der Kinder in seinem Verlauf bestimmt;
● zwar alle Kinder am Freispiel beteiligt sind, aber nicht alle an demselben Spiel oder derselben Tätigkeit – und
● angeleitete Beschäftigungen während dieser Zeit Angebote darstellen wie jedes zur Verfügung stehende Material.

3 Freispiel – eine Arbeit?

Von vielen Erzieherinnen, mit denen ich sprechen konnte, wurde als *Arbeit* mehr die angeleitete Beschäftigung empfunden als das Freispiel. Sie sahen ihre Hauptaufgabe in der direkten Einflußnahme auf das Kind, weil *sie dabei selbst aktiv* sein konnten. Das Freispiel strengt zwar an, wenn eine Erzieherin es mit dem Beobachten, Anregen und Sich-zurück-Nehmen ernst nimmt – aber es als wichtig zu vertreten, dazu fehlt oft auch denen, die es wissen, die nötige Argumentation.

Das Freispiel ist ebenso im Gruppenraum wie auch im Freien die anstrengendere Arbeit der Erzieherin im Vergleich mit den angeleiteten Beschäftigungen. Für manchen Beobachter scheint die Erzieherin während des Freispiels über weite Zeitstrecken hinweg passiv zu sein oder eben nur ein bißchen mit den Kindern zu spielen. Demgegenüber ist sie bei angeleiteten Beschäftigungen *sichtbar* in Aktion. Beide Methoden stehen und fallen mit ihr – nur sieht man das beim Freispiel erst, wenn es nicht *klappt.* Die indirekte Führung des Freispiels erfordert sehr viel Geduld, Aufmerksamkeit, Einfühlungsvermögen, Zurückhaltung und doch aktive Zuwendung gegenüber den Kindern. Diese innere Aktivität stellt größere Anforderungen an die seelisch-geistigen Kräfte der Erzieherin als die direkte Führung eines weitgehend geplanten Situationsablaufs, auch wenn dieser noch so viel Unvorhersehbares enthält. Aus diesen Gründen wurde wahrscheinlich das Freispiel in der Diskussion um den Kindergarten vernachlässigt, obwohl gerade vom Freispiel wesentliche Sozialisationseinflüsse auf die Kinder ausgehen.

Eine systematische und zielgerichtete Erziehung in dem Sinne, daß das Erziehungsergebnis voraussehbar und vorausbestimmbar wäre, ist wider das Selbstverständnis des Kindergartens und mit dessen Methoden nicht verwirklichbar.

Bezugspunkte einer Systematik, die nicht an Leistungszielen orientiert ist, sind die Persönlichkeiten von Erzieherin und Kind in ihrem So-sein, verbunden durch die Beziehungen zueinander und im Lernen voneinander. In *diesem* Lernen hat die Entwicklung von Fähigkeiten, wie lieben zu können, sich freuen zu können, offen zu sein, sich durchsetzen zu können, einfühlsam zu sein, mit Freiheit umzugehen und dienen zu können – und unter anderem dann auch die Entwicklung der Intelligenz – ihren angemessenen Ort.

4 Zeitlicher Stellenwert des Freispiels im Tagesablauf

Der übliche Tagesablauf in einem Kindergarten umfaßt in der Regel täglich etwa 6,5 Arbeitsstunden des *direkten Dienstes* am Kind, die Zeit, in der die Kinder in der Einrichtung sind, und dazu wöchentlich 7,5 Stunden *indirekten Dienst* am Kind, Zeit für Verwaltungsarbeiten, Materialbeschaffung, Vorbereitung und Elternarbeit. Die Zeit des indirekten Dienstes ist für eine Erzieherin, die ihre Arbeit als Aufgabe versteht, zu kurz. Diese Bedingungen lassen sich jedoch nur auf arbeitsrechtlichem Wege und nicht im Alleingang lösen.

Der heute übliche Tagesablauf in einem Kindergarten wird etwa so aussehen:

Ab 7.30 oder 8.00 Uhr
Freispiel und manchmal daneben auch angeleitete Beschäftigungsangebote der Erzieherin für einzelne Kinder oder Kleinstgruppen von 2 bis 3 Kindern.

Bis 9.00 Uhr
sollten alle Kinder da sein, damit sie mindestens eine Stunde am Freispiel teilnehmen können.

Während des ganzen Freispiels
gleitendes Frühstück und Toilettengang nach Bedarf (manche Kinder müssen an das eine oder das andere erinnert werden); benutztes Spielmaterial wird sofort wieder nach dem Spiel an seinen Ort gelegt, bevor etwas anderes genommen wird.

Gegen 10.00 Uhr
Freispielende – einige Minuten vorher das Ende ankündigen – und jedes Kind räumt seine Sachen auf, die größeren helfen den kleineren Kindern; wer jedoch vertieft in seine Beschäftigung ist, darf sie zu Ende führen.

Gespräch mit den Kindern, die ihr Spielen und Aufräumen schon beendet haben, gemeinsames Singen und/oder Gebet.

Wenn der ganze Vormittag (Nachmittag) im Gruppenraum verbracht werden soll, ist – nachdem alle Kinder ihren Imbiß gegessen haben – eine halbe Stunde draußen zu verbringen: 10 Minuten freie Bewegung der Kinder und dann Spielangebote: Bewegungs- oder Kreisspiele – damit die Kinder genügend frische Luft bekommen. Das Hinausgehen muß bei mehreren Gruppen zeitlich abgesprochen werden, damit nicht alle Kinder zugleich draußen sind und sich dadurch unnötige Streitereien ergeben.

Gegen 10.30 Uhr verschiedene Möglichkeiten:
- Freispiel im Gruppenraum oder im Freien;
- teils Freispiel – teils angeleitete Beschäftigung, wenn nur eine Bezugsperson den Kindern zur Verfügung steht;
- für alle angeleitete Beschäftigungen, wenn mindestens zwei Bezugspersonen da sind, danach wieder Freispiel für alle.

Vorankündigung des Endes vom Vormittag und allgemeines Aufräumen.

11.30 oder 12.00 Uhr
Abholen der Kinder, die über Mittag nach Hause gehen, 30 Minuten im Freien für die Kinder, die über Mittag in der Einrichtung bleiben bei (fast) jedem Wetter.

13.30 oder 14.00 Uhr
Aufstehen der Mittagskinder und Kommen der Kinder, die

über Mittag zu Hause waren; je nach Jahreszeit und den örtlichen Licht- und Schattenverhältnissen Freispiel im Gruppenraum oder im Freien; während des Freispiels gleitende Essenszeit und manchmal auch angeleitete Beschäftigungsangebote.

Gegen 15.00 oder 15.30 Uhr
aufräumen und gemeinsamer Kreis (spielen, singen, Fingerspiele, Erzählen u. a. m.) als Abschluß.

16.00 oder 16.30 Uhr
Abholen der Kinder – jedes sollte sich persönlich verabschieden. Dadurch erfährt sich das Kind als wertvoll, und die Erzieherin weiß, daß es abgeholt ist und wer es abholt.

Durch das *gleitende Frühstück* – jedes Kind ißt sein Brot an einem dafür hergerichteten Tisch, wenn es Hunger hat – und den Toilettengang nach Bedarf verlängert sich das Freispiel um ca 15 bis 30 Minuten gegenüber der Gepflogenheit, gemeinsam aufzuräumen, zur Toilette zu gehen und zu essen. Für viele Kinder entstehen so unnötige Wartezeiten, die Leerlauf bedeuten und deshalb der Erzieherin Disziplinschwierigkeiten einbringen können und sie zur Massenlenkung zwingen. Eine echte Tischgemeinschaft können Kindergartenkinder nur in einer kleinen Gruppe, 6 bis 8 Kinder, erfahren. Ein Erwachsener sollte mehr oder weniger dabei sein zur Hilfe, zur Lenkung der Essensgewohnheiten, zum Gespräch und um die Kinder in ihrer Geschicklichkeit zu unterstützen.

Das Freispiel nimmt den Hauptanteil der Zeit, die die Kinder im Kindergarten verbringen, in Anspruch. Daraus ist ersichtlich, daß dem Freispiel nicht nur inhaltlich eine wichtige Bedeutung zukommt, sondern auch dem Zeitanteil nach.

5 Die Freiheit im Freispiel

Welche Art *Freiheit* ist gemeint, wenn man von *Freispiel* und dann auch noch von der *Führung* des Freispiels spricht?

Mit diesem *frei* ist gemeint, daß das Kind die Möglichkeit hat, von sich aus – aus eigener Initiative heraus und nach eigenen Vorstellungen – sein Spiel und einen wesentlichen Teil der Umstände seines Spielens zu gestalten. Dazu müssen ihm die Möglichkeiten von außen zur Verfügung gestellt werden, die seinen Fähigkeiten entsprechen, mit der *Um-Welt* umgehen zu können; die aber auch dem Entwicklungsprozeß, dem Zuwachs des Kindes an Selbständigkeit und Selbstsicherheit anpaßbar sind – und zwar *nicht* in einem zeitlichen Nacheinander (das heißt „systematisch"), sondern als Angebot in einem zeitlichen Nebeneinander (das heißt „unsystematisch").

Jedes Kind im Kindergarten befindet sich auf einer anderen Stufe seines Freiheitsbedürfnisses und seiner Fähigkeit, mit Freiheitsangeboten umgehen zu können. Deshalb muß es selbst wählen dürfen (zum Beispiel Spiel, Malthema, Spielkameraden u. a. m.) und nicht eine vom Erwachsenen getroffene Wahl annehmen müssen (zum Beispiel: Du spielst jetzt mit diesem Material an diesem Tisch mit diesen Kindern zusammen so lange, bis ich euch sage, daß...). Es ist also ein *Arrangement* von Möglichkeiten notwendig, mit dem das Kind nach eigenem Gutdünken umgehen *kann* und *darf.*

Die Grenzen, die der Erzieher dem Kind setzen *muß,* sind keine willkürlichen, wenn sie von ihm in der Bezogenheit zum Kind und dessen Bedürfnissen und den äußeren Gegebenheiten gesetzt *und* verändert werden. Grenzen sind zum Beispiel notwendig, wenn das Kind eine Situation ihrer Bedeutung nach – meist eine Gefahr – noch nicht wie ein Erwachsener einzuschätzen vermag. Grenzen können auch ein zu reichhaltiges Materialangebot oder eine zu große Kindergruppe sein, wenn sich dadurch ein Kind verunsichert fühlt. Auch ein zu rascher Wechsel von neuen Eindrücken, der die alten, noch interessierenden verdrängt, verhindert dadurch das Verweilen bei einer Sache: die Konzentration.

Das Kind kann nur wenigen Bedürfnissen selbst direkten Ausdruck durch das Sprechen geben. Am Verhalten des Kindes, seinem Wohlbefinden oder seinem Zorn, seiner Resignation oder seiner Offenheit kann der Erzieher ablesen, ob er die Bedürfnisse des Kindes, seiner Kinder – auch das Bedürfnis nach Grenzen, die den Freiraum erst ermöglichen – erkannt hat oder nicht.

Dem kleinen Kind Freiheit zu ermöglichen bedeutet also, ihm eine Umwelt bereitzustellen, in der es selbständig handeln und die es überschauen kann; die ihm aber zugleich auch eine seinem Vermögen entsprechende Vielfalt an Beziehungs- und Handlungsmöglichkeiten anbietet.

Der Prozeß, in dem das Kind lernt, mit Freiheit um-

zugehen, das heißt, sie sinnvoll und entsprechend seinen Fähigkeiten, den Gegebenheiten seiner Situation
und seinem Bedürfnis in bezug zur Gemeinschaft zu
gebrauchen, vollzieht sich in Perioden: Das Kind
nimmt die gesetzten oder ausgehandelten Grenzen für
eine Weile an, dann stößt es darüber hinaus, probiert,
wieweit es gehen kann, bis es an neue Grenzen gelangt.
Diese werden eine Zeitlang angenommen, bis sie ihm
zu eng werden und ein neuer Vorstoß erfolgt. So vergrößert das einzelne Kind seinen Freiheitsanspruch
entsprechend seiner Entwicklung und der Autorität
seiner Bezugspersonen. Eine Erzieherin muß daher konsequent sein, aber nicht stur. Das Kind muß sich auf ihre
Aussagen und Handlungen verlassen können. Ausnahmen müssen den Kindern einsichtig gemacht werden,
damit sie in der Beziehung zur Erzieherin Sicherheit
gewinnen.

Die Gebundenheit oder Zügellosigkeit des Geschehens bestimmen in der Gruppensituation während des
Freispiels mit, ob mehr oder weniger Freiheit *heute* – an
diesem Tag – möglich ist. Es geht hierbei nicht um
„laut" oder „leise", „geordnet" oder „durcheinander",
sondern um die Spannkraft der Kinder, die das Spiel
trägt oder – wenn sie fehlt – unmöglich macht. Hierbei
spielen die äußeren Gegebenheiten (Spielplatzgröße,
Gruppenzimmer-Ausstattung, Vorgesetzten-Einstel-
lung, Hausmeister, Gefahrenquellen usw.) eine große
Rolle. Sie können Grenzen bedeuten, die die Erzieherin beachten muß, und dadurch muß sie die Freiheit
der Kinder einschränken.

▶ *Ein wesentlicher Faktor beim Freiheit-gewähren oder
-ermöglichen ist die innere Freiheit der Erzieherin
selbst, ihre Selbstsicherheit. Aus dieser Sicherheit heraus
kann sie den Kindern das Maß an Freiheit gewähren,
das diese bewältigen können.*

Die Unsicherheit einer Erzieherin kann sie dazu veranlassen, daß sie entweder von vorneherein zu enge Grenzen zieht, oder daß sie dem Drängen der Kinder über die Grenzen hinaus zu sehr nachgibt. Beide Verhaltensweisen dienen der Erzieherin zur Selbstbestätigung und sind – jede auf ihre Art – autoritär, weil sie entweder das Kind hilflos und damit abhängig halten oder es seiner Hilflosigkeit überlassen und auch damit in die Abhängigkeit treiben. Auf diese Arten kann das Streben der Kinder nach Selbständigkeit nicht gefördert werden.

Auch der Erwachsene steht immer in einem soziokulturellen, biologischen und materiellen Zusammenhang, der ihm einerseits bestimmte Möglichkeiten bietet, andererseits aber auch Grenzen setzt. Innerhalb dieser – bis zu einem gewissen Grad veränderbaren – Grenzen kann der Erwachsene relativ frei handeln, wenn er sich erfolgreiche Techniken der Realitätseinschätzung und seiner Handlungsmöglichkeiten angeeignet hat.

Es kann also nicht um eine absolute, beziehungsfreie Freiheit gehen, sondern nur darum, sensibler notwendige von unnötigen Grenzen zu unterscheiden – bezogen auf die Fähigkeiten der betreffenden Kinder und die Gegebenheiten der jeweiligen Situation – mit dem Ziel der größtmöglichen Selbständigkeit der Kinder. Aber diese Selbständigkeit ist nur innerhalb eines Spielraumes, in einem von Grenzen bestimmten Freiheitsraum, möglich.

Entsprechend der *Freiheiten,* wie sie zur Charakterisierung des Freispiels (S. 18 ff.) aufgezeigt wurden, sind die Begrenzungen folgende:

● die Wahl des *Spielortes* ist meistens begrenzt auf den

Gruppenraum, eventuell mit Nebenraum, oder auf den Spielgarten. Eine Erzieherin allein kann die Kinder nicht zugleich drinnen und draußen „beaufsichtigen". Die räumliche Eingrenzung hängt von dem Gebäude, der Art der ganzen Anlage, den Gefahrenquellen, der Selbständigkeit und Zuverlässigkeit der Kinder und der Führung der Erzieherin ab.

• Die Wahl der *Tätigkeit* erhält ihre Grenzen durch das zur Auswahl stehende Material- und Handlungsangebot und die Fertigkeiten des einzelnen Kindes.

• Die Anzahl der Kinder und ihr zeitweiliges Fehlen setzen Grenzen in der Wahl der *Spielkameraden.*

• Der Wahl des *Materials* sind Grenzen durch das Vorhandensein und die Vorauswahl (die nicht immer von der Erzieherin getroffen werden konnte) gesetzt.

• Ebenfalls eine Grenze bedeuten die *Fähigkeiten* der Kinder miteinander, mit Material, Werkzeugen oder Gebrauchsgegenständen umgehen zu können. Auch hier kann das Gefahrenmoment eine Rolle spielen.

• Die Freiheit der *Verweildauer* bei einer Sache wird von der Erzieherin bei *den* Kindern eingeschränkt, die permanent ihre Tätigkeit wechseln und so zu keiner Ausdauer bei ihrem Tun kommen. Auch das Beenden des Freispiels schränkt diese Freiheit ein: entweder zugunsten einer pädagogischen Maßnahme wie zum Beispiel die angeleitete Beschäftigung, oder sich aus dem Tagesablauf ergebend, wenn die Zeit zur Heimkehr gekommen ist.

• Das absolute *Alleinspielen* ist in einem Raum nicht möglich, in dem auch andere Menschen sind, von deren bloßer Anwesenheit schon Einflüsse ausgehen. Die Kinder können sich nicht der Gruppensituation als sozialisierender während ihres Kindergartenbesuchs – also auch während des Freispiels – entziehen. Auch die Einzeltätigkeiten werden innerhalb der Gruppe ausgeführt. Üblicherweise spielen 2 bis 3 Kinder gut ohne den Erwachsenen miteinander. Sind es mehr, so stören sich die Kinder in diesem Alter leicht gegenseitig, und es kommt zu keinem Spielen. Wenn 4 oder 5 Kinder gut miteinander spielen und ihre Konflikte selbst bewältigen, so ist das für die Kinder eine positive Erfahrung, die ihnen ermöglicht werden sollte.

Erst innerhalb dieser Begrenzungen, die Voraussetzung für die Überschaubarkeit der Situation sind, entstehen die Möglichkeiten für angeregtes und fruchtbares Tätigsein der Kinder während des Freispiels.

Spiel ermöglicht das Erlebnis der Freiheit, indem der Spieler die Initiative haben muß, anzufangen, und indem er aus seinem Interesse an „Bewegung" heraus bereit ist, auf reale „Antworten" aus seiner Umgebung einzugehen. Dabei empfindet der Spieler diese Gesetzmäßigkeiten nicht als Zwang, weil er mit diesem „Zwang" umgehen oder ihm in der Phantasie ausweichen kann. Das ist der *Schein* des Spiels, die „Scheinwelt" des Spiels gegenüber der Realität. Wer aber im Spiel gelernt hat, mit „Zwängen" frei umzugehen, kann auch lernen, die Zwänge der Realität als „Schein-Welt" zu entlarven und dann mit ihnen umzugehen.

In der erlebten Freiheit des Spiels im Kindesalter und der dadurch aufgebauten Sehnsucht nach Freiheit im Jugendalter und Erwachsenenalter kann – so eine

Vermutung von mir – eine der Ursachen für die Beschleunigung kultureller, technischer und anderer Veränderungen gesucht werden. Wo aber aus dem Blick gerät, daß es die Annahme der Gesetzmäßigkeiten der Realität ist, die den Umgang mit ihr in Freiheit ermöglicht – auch im Spiel –, dort wird eine Scheinfreiheit als totale Freiheit gesucht, die – sich in ihr Gegenteil verkehrend – zu Gleichmacherei und zu völliger Verplanung der Menschen führen kann. Dort, wo die Bedingungen der Realität nicht als wandelbar und verwandelbar – wie im Spiel – erlebt werden, bleibt nur die Opposition oder die Unterwerfung unter diese Bedingungen, denen die Funktion von Grenzen nunmehr *fraglos* zugeschrieben und zugebilligt wird. So weist das Spielen über sich hinaus in gesellschaftliche Zusammenhänge.

6 Verhaltensweisen des Kindes bei Spiel und freiem Tätigsein

Zum Verstehen, wie das Kind sich verhält, ist es nötig, sich darüber zu verständigen, was ihm durch sein Tun geschieht.

Das Kind erfaßt zunächst Ausschnitte aus einer Situation, die es durch die Stärke des Eindrucks oder durch die häufige Wiederkehr als wichtig erlebt. Durch die Wiederholung gleicher, aufeinanderfolgender Abläufe erfaßt es deren Zusammenhänge und innere Struktur. Vergrößert sich dieser Überblick, kann das Kind beim Umgang mit Menschen und Dingen, dem ihm Bekannten, neue Konstellationen schaffen und das Ergebnis abwarten, beobachten, erfahren, erleben. Es erweitert sein Verhaltensrepertoire aufgrund dieser Vorstöße und – je nachdem, ob sie von seinen Bezugspersonen, Erwachsenen wie Kindern, aufgenommen oder abgewiesen werden – entwickelt es Vertrauen zu dieser Welt, zu sich selbst, zu seinen Mitmenschen oder Angst; meist eine Mischung aus beidem.

Wiederholung

Das gesunde und natürliche Bedürfnis des Kindes nach Wiederholung ermöglicht ihm:

● im Aufnehmen:
  – Kennenlernen von Prozessen;
  – Bekanntes auszusondieren und Übergangenes zu beachten;
  – Veränderungen zu beobachten.

● durch Selber-tun:
  – sicher Kenntnis von Vorgängen zu erlangen und damit die Freiheit im Umgang mit Elementen eines Prozesses zu gewinnen: seinen eigenen Fähigkeiten, dem Material, dem Prozeßverlauf.

Drei Arten der Wiederholung lassen sich unterscheiden:

● die vom Kind selbst getätigte Wiederholung
  – im Umgang mit Spiel-, Beschäftigungs- und Gestaltungsmaterial;
  – mit Gebrauchsgegenständen und Werkzeug.

● die vom Kind gewünschte Wiederholung im Angebot des Erwachsenen
  – Erzählen der gleichen Geschichte über längere Zeit hinweg;
  – Spiele mit und ohne Material;
  – Gestaltungsaufgaben;
  – häusliche und handwerkliche Aufgaben;
  – Spaziergänge, Exkursionen.

Diese Art der Wiederholung ermöglicht dem Kind die Intensivierung der Erlebnisse und die Freude an der Bekanntheit, dem Wiedererkennen, das durch die Vertrautheit Sicherheit gibt. So lernt das Kind genauer auf Einzelheiten zu achten, genauer zu beobachten; Eindrücke festigen sich (zum Beispiel daher auch die Forderung nach geschmackvollem und stabilem Spielmaterial und nach geschmackvoller und beanspruchbarer Einrichtung); unbewußt werden bei den Wiederholungen auch Normen, Werthaltungen und Einstellungen übernommen.

- die Wiederholung als Gewohnheit
Das tägliche Zusammensein mit denselben Kindern und Erziehern kann unter dem Aspekt der Wiederholung gesehen werden, die das Kind in seinem Beziehungsverhalten zu seinen Mitmenschen, das heißt in seiner Sozialisation, mitprägt.

Nachahmung

Nachahmen ist Lernen über die Identifikation, das heißt über den inneren, gefühlsmäßigen Bezug zum nachgeahmten Objekt, vor allem Menschen, aber auch Tiere und Pflanzen. Das Kind übernimmt mit Hilfe der Identifikation Sprechgewohnheiten, Bewegungsweisen, Einstellungen u. a. m. – auch von seiner Erzieherin, wenn es sie besonders mag oder sie besonders ablehnt. Daher können Erzieherinnen sich manchmal im Spiel der Kinder deutlich wiedererkennen. So erklärt sich auch die Tatsache, daß das, was ein Erzieher (vor-)macht, (vor-)lebt – sein Verhalten insgesamt – die ihm anvertrauten Kinder stärker prägt als das, was er durch Worte an Verhaltensweisen von den Kindern verlangt, was er ihnen erklärt oder sagt. So wie ein Kind sich von seiner Erzieherin geachtet fühlt, so kann es andere Menschen zu achten lernen.

Selber-tun

Das Spiel des Kindes lebt von seinem *Selber-tun*. Im Tun erfährt das Kind seine Umwelt in ihren Materialqualitäten, aber auch den sozialen Zusammenhang. Im

Selber-tun erfährt es – je nach der Reaktion seiner Umwelt –, daß es Freude macht, etwas zu tun, oder daß man nur dann etwas tun darf, wenn andere es einem erlauben. Das Kind, das einen großen Spielraum für seine Aktivitäten hat, kann seine Bereitschaft, etwas zu tun, entwickeln. Es kann verschiedene Erfahrungen machen, und es kann diese Erfahrungen bei neuen Gelegenheiten wieder anwenden. Solange sein Spiel und sein Mittun-wollen auf Verständnis und auf Möglichkeiten stößt, wird es in seiner Aktivität bestärkt und kann so zu innerer Motivation gelangen.

Selbst gestalten

Wiederholung und Nachahmung sind Voraussetzungen zum Selbst-gestalten. Bevor ein Kind selbst gestalten kann, braucht es einen Erfahrungsschatz an Vorstellungen und Handlungsabläufen. Mit diesen Kenntnissen kann es dann:

- Material, dessen Möglichkeiten es durch Ausprobieren erfaßt hat, nach eigenem Willen zu formen lernen;
- Handlungen, deren Folgen es überblickt, zu steuern lernen;
- Erlebnisqualitäten, die es durch die Nachahmung erspürt hat, selbst zu empfinden lernen.

Dies lernt das Kind, in dem es Erfahrungsinhalte und/oder Erlebnisinhalte in ihren Zusammenhängen erfaßt, sie in der Vorstellung frei zu einem Übergeordneten zusammensetzen oder sie in ihre Einzelelemente oder Phasen zerlegen kann. Dies lernt es dadurch, daß es die Strukturen, die Gesetzmäßigkeiten des Materials, der Gegenstände, der handelnden Menschen erfährt (= passiv, aufnehmend) und selber handelnd erkennt und durchschaut (= aktiv, dahinterkommend).

7 Freispiel – angeleitete Beschäftigungen

Einer der Grundgedanken dieser Überlegungen ist der, daß das gesunde Kind sich frei im gewählten Spiel *die* Aufgaben und Probleme stellt, die seine Entwicklung hier und jetzt fördern[6]. Es bedarf aber dabei des Erwachsenen, der Anteil nimmt und auch Anregungen im richtigen Augenblick zu geben weiß. Dem Erzieher fällt also eine mehr passive Rolle zu. Es ist jedoch kein tatenloses Zusehen, sondern ein inneres, lebendiges, anteilnehmendes Zusehen, das in aktive Handlung umschlagen kann, wenn ein Kind dessen bedarf.

Durch die in der Institution Kindergarten gegebene Situation erfährt das Kind in der Begegnung mit anderen Kindern, mit Erwachsenen und mit dem vorhandenen Material Anregungen, die ihm auch gegeben werden *müssen.* Unsere technisierte und dicht bevölkerte Umwelt weist einen Mangel an Entdeckungs-, Spiel- und Handlungsmöglichkeiten für Kinder und zugleich eine Reizüberflutung auf. Die Zusammen-

---

[6] Vgl. H. Hetzer: Spielen lernen – Spielen lehren, 1971, S. 38.

hänge in dieser Umwelt sind durch *Beobachten* und *Nachahmen* kaum noch erfaßbar, so daß auf diese Weise Handlungen für Kinder nicht mehr erlernbar sind, wie dies früher in vielen handwerklichen und bäuerlichen Berufen der Fall war. Statt dessen umgibt das Kind eine Technisierung und Mechanisierung, deren Bewegungsursachen und -gesetze von ihm nicht erfaßt werden können, zum Beispiel: Petroleumlicht – elektrisches Licht; Waschzuber – Waschmaschine; Kohleofen – Öl/Gasheizung usw. Daher ist eine bewußtere Erziehung notwendig geworden, die den Kindern grundlegende Erfahrungsmöglichkeiten anbietet und erschließt. Zum Beispiel kann man im Kindergarten zusammen mit den Kindern kochen, backen (auch Brot backen), waschen, Tiere versorgen, im Garten arbeiten, einfache Handarbeiten machen u. a. m.

● Die angeleiteten Beschäftigungen sind eine Möglichkeit, den Kindern Anregungen für ihr freies Tun zu geben.

● Erlebnisse wie Ausflüge, Feste, Exkursionen sind eine andere Möglichkeit, dem Spiel des Kindes Nahrung zu geben.

● Eine dritte Möglichkeit besteht in der Anwesenheit der Erzieherin und dem Tun, das sie sich selbst für die Freispielzeit vorgenommen hat. Zum Beispiel kann sie eine Bastelei beginnen, eine Faltarbeit anfertigen oder eine Maltechnik ausprobieren. Auch das Material für eine angeleitete Beschäftigung kann sie *dann* während der Freispielzeit vorbereiten, wenn es möglich ist, daß einige Kinder sich an dieser Vorbereitung beteiligen (ansonsten gehört sie in die Zeit des indirekten Dienstes am Kind). Das Tun der Erzieherin, wenn es für die Kinder *nachahmbar* ist, stellt ein wesentliches Anregungsmoment dar, ohne daß in die Sphäre der Freiheit der Kinder eingegriffen würde.

Es geht also nicht um Anregung *oder* Freiheit während des Freispiels, sondern darum, Anregungen so zu geben, daß die Kinder sie aus eigener innerer Freiheit heraus annehmen können. Es muß immer wieder neu ein Gleichgewicht gefunden werden zwischen der Eigenaktivität der Kinder und den Anregungen von außen. Nur eine ständige Beobachtung kann der Erzieherin helfen, ihre Anregungen und Angebote im richtigen Augenblick an einzelne Kinder oder eine Kindergruppe heranzutragen. Damit wird das Freispiel zu einer Form der individuellen Förderung eines jeden Kindes innerhalb der Gruppe.

Es ist abzuwägen, welche angeleiteten Beschäftigungen mit altersgemischten Gruppen durchführbar sind, so daß die Jüngeren von den Älteren lernen können und die Älteren ihrerseits lernen, den Jüngeren mit Verständnis und Hilfsbereitschaft zu begegnen. Viele Tätigkeiten lassen sich in der altersgemischten Gruppe durchführen, wenn man den Jüngeren ihnen entsprechende Verhaltensweisen zugesteht. Andererseits gibt es auch bestimmte Beschäftigungen, die gezielt altersspezifisch eingesetzt werden müssen, um den Bedürfnissen der Kinder in den einzelnen Entwicklungsstadien gerecht zu werden.

Das Wechselverhältnis von Freispiel und angeleiteter Beschäftigung möchte ich an Beispielen verdeutlichen:

 – Ein Kasperlespiel als angeleitete Beschäftigung hat die Kinder so beeindruckt, daß sie noch nach Tagen immer wieder die Handpuppen verlangen und heftige Dialoge miteinander führen. Die Erzieherin regt an, statt der Handpuppen eine Knotenpuppe „Fritz"

Erlebnisse erzählen zu lassen. Dadurch kommen die Kinder dazu, viel von eigenen Erlebnissen zu erzählen, ohne in gegenseitige Tätlichkeiten zu verfallen. (Die Knotenpuppe besteht aus einem Kopftuch, in dessen eine Ecke man einen lockeren Knoten macht. Dieser Knoten wird auf den Zeigefinger gesetzt, das Tuch um die Hand gelegt und in der Handinnenfläche von 2 Fingern festgehalten. Es wird ohne Bühne gespielt.)

Nicht nur die angeleiteten Beschäftigungen regen das Freispiel an, auch das Freispiel kann zu angeleiteten Beschäftigungen führen.

 – Zum Beispiel liegt es nahe, wenn die Kinder aufgrund der Fernseherfahrungen sich Waffen fertigen und damit spielen, ein Gespräch über den Krieg und seine Folgen anzufangen. Man kann eventuell auch Flüchtlingskinder einladen und mit ihnen sprechen und spielen.

– Oder ein Kind erzählt vom Tod seines Großvaters in einer Weise, daß man spürt, die ganze Familie hat liebevoll Anteil daran genommen. Die Fragen des Kindes dazu wurden in der Familie ernst genommen und beantwortet. So bittet die Erzieherin das Kind, in der Gesprächsrunde im größeren Kreis nochmals darüber zu berichten.

Freispiel und angeleitete Beschäftigungen stehen also in einer stetigen Wechselbeziehung.

Von den angeleiteten Beschäftigungen, bei denen das Kind am Tun des Erwachsenen teilnimmt (zum Beispiel Kochen), sind solche Beschäftigungen zu unterscheiden, die dem Kind als eine Möglichkeit zu selbständigem Tun gezeigt werden (zum Beispiel Werken, Legespiel u. a. m.). Letztere müssen so vermittelt werden, daß das Kind anschließend diese Tätigkeiten selbständig – ohne Hilfe des Erwachsenen! – ausführen kann und darf. Sie sind *verfrüht*, wenn das Kind nur der Anleitung entsprechend den Handlungsablauf nachvollziehen kann, aber den Zusammenhang des

Handlungsablaufs nicht durchschaut, oder wenn die selbständige Durchführung nicht ermöglicht werden kann – als negatives Beispiel: Osterhasen aus Wellpappestreifen – eine Beschäftigung, bei der die Erzieherin alle Einzelteile vorfertigen muß und den Kindern nur das Zusammenkleben nach Anleitung bleibt, ohne eigene Gestaltungsmöglichkeit.

Viele angeleitete Beschäftigungen müssen von der Erzieherin vorgeplant werden und bedürfen einer konkreten Vorbereitung (Material, Arbeitsgang, Einführung in die Technik, das Thema usw.) oder einer gewissen Routine, damit sie für Kinder und Erzieherin auf annehmbare Weise durchführbar sind, so daß Unruhe und Langeweile nicht aufkommen.

Unterschied: Unterrichtsstunde – angeleitete Beschäftigung

In der heutigen Diskussion um die Frühförderung der Kinder fällt es schwer, den Unterschied zwischen einer angeleiteten Beschäftigung und einer Unterrichtsstunde beziehungsweise der „gezielt angelegten Lernsituation" herauszuarbeiten. Beides sind Formen der Belehrung im weitesten Sinne. Vielleicht läßt es sich an der Funktion der Wiederholung deutlich machen: In der Lernsituation fordert der Lehrende von den Kindern die Wiederholung als notwendiges Üben, damit sie eine Fertigkeit erlangen oder der Stoff gefestigt wird. Die mehrmalige Wiederholung einer angeleiteten Beschäftigung dagegen geschieht, weil in der Regel die Kinder aus gesundem Instinkt heraus danach verlangen und weil die Erzieherin weiß, daß dadurch ein gewisses Moment der Ruhe und der Erlebnisvertiefung zustande kommt. Das Üben von Fertigkeiten besorgen die Kinder von sich aus, wenn die angeleitete Beschäftigung ihr Interesse geweckt hat. Die Kinder holen sich dann nur den Rat der Erzieherin, wenn sie ihn brauchen. In solch einem Fall kann aber nicht mehr von „angeleiteter Beschäftigung" gesprochen werden.

Die angeleiteten Beschäftigungen haben nicht den Sinn, zu belehren. Sie tun das auch, aber indem sie dem Kind Interessantes anbieten oder im Selber-tun seine Fähigkeiten entwickeln – aus Freude am Tun heraus. Es geht nicht darum, daß die Kinder nach einer angeleiteten Beschäftigung mehr können oder wissen als vorher, sondern darum, daß die neuen Kenntnisse oder Fertigkeiten von ihnen selbst umsetzbar sind in ihr eigenes, spontanes Tun – entweder als konkrete Handlung, so wie sie mit der Erzieherin durchgeführt wurde (spielen, musizieren, werken u. a. m.), oder indem sie in das Rollenspiel, in das Spiel des „So-tun-als-Ob" übernommen werden (kochen, backen, Feuerwehr usw.). Dadurch erst können diese Tätigkeiten und Kenntnisse sich festigen oder als Erlebnis verarbeitet werden und das Kind in seiner Entwicklung weiterführen, also fördern, bilden und stabilisieren.

Die angeleitete Beschäftigung kennt zwar Handlungsziele (zum Beispiel die fertige Laterne, das gefaltete Schiff, die erzählte Geschichte) und kommt darin dem Unterricht nahe. Sie bleibt aber bei der Aneignung einer Fertigkeit nicht stehen: Die Laterne wird angezündet und getragen, das Schiff wird auf das Wasser zum Schwimmen gesetzt, das vorgetragene Märchen wird gespielt. Beim Erzählen hört die angeleitete Beschäftigung mit dem Erzählvorgang auf. Das Ziel des Erzählens selbst ist das Zuhören der Kinder und deren Anteilnahme am Fortgang der Geschichte. Der Inhalt wird nicht abgefragt. Erst wenn eine Geschichte des öfteren erzählt wurde, kann auch ein Gespräch über den

Inhalt oder die Anregung zu einem Bild oder Spiel daraus erfolgen. Am Ende jeder angeleiteten Beschäftigung sollte irgend ein konkretes Tun den Kindern ermöglicht werden. Zum Beispiel:
Eine Mutter hatte mir drei blühende Sonnenblumen mitgebracht, außerdem hatte ich eine schon abgeblühte und eine reife Sonnenblume dabei. Zuerst erfolgte ein Gespräch über den Text eines Erntedankliedes über die Sonnenblume, dann probierten wir, wie die reifen Kerne der Sonnenblume schmeckten. – Denkbar wäre auch ein kleines Gericht, das die Kinder mit Sonnenblumenkernen zubereiten.

So steht die angeleitete Beschäftigung als ein „gesteuerter Lernprozeß" zwischen dem „provozierten Lernen", wie es der Unterricht versucht, und dem „spontanen Lernen", wie es im Freispiel geschieht. Die angeleitete Beschäftigung ist weder der Spontaneität der Kinder überlassen, noch ist sie an klar umrissene Anforderungen gebunden. – Der Unterricht geht zu leicht an den Interessen und Bedürfnissen der Kinder vorbei, weil Inhalt und Methode selten auf die aktuelle Situation abgestimmt sein können, wenn das Ziel „etwas lernen" ist und nicht „etwas tun".

Die angeleiteten Beschäftigungen sollten – neben ihrer Gemeinschaftsfunktion – in erster Linie das Freispiel durch Anregungen zum selbständigen Tun bereichern. Das Freispiel entwickelt sich vor allem aus der Initiative der Kinder heraus.

8 Einstellungen der Erzieherin

Wer einem Kind gegenübertritt, sollte es als eigenständige Persönlichkeit, die wie ein Erwachsener ernst zu nehmen ist, achten und danach handeln. Die Andersartigkeit des Kindes besteht unter anderem darin, daß es noch nicht die Art und die Fülle der Erfahrungen eines Erwachsenen (unsere Erfahrungen) hat und daher noch nicht unsere Erlebnisweise, unser Weltbild, unseren Überblick und unsere Selbstsicherheit.

Es geht darum, dem Kind lebensbejahende Erfahrungen zu ermöglichen aufgrund dessen, daß *wir lernen*, es in *seiner* Situation anzunehmen und in *seinen* Bedürfnissen zu verstehen, damit es sich in seiner Eigenart als eigenständige Persönlichkeit entwickeln und annehmen kann. Das setzt voraus, die Entwicklungsfähigkeit des einzelnen Kindes zu kennen und darauf eingehen zu können. Dabei können Maßstäbe, die bestimmte Fähigkeiten bestimmten Altersstufen zuordnen, nur Orientierungshilfen, aber nicht Richtschnur sein!

Da jedes Freispiel sich unterschiedlich gestaltet und von den anwesenden Kindern genauso abhängt wie von der Erzieherin, ist es schwierig, gültige Aussagen darüber zu machen, wie das Freispiel geführt werden sollte oder könnte. Die folgenden Gesichtspunkte sind aus der Praxis abgeleitet. Sie können nur den Versuch darstellen, das Freispiel in seinen *von der Erzieherin beeinflußten Bereichen* deutlich werden zu lassen. In der Pädagogik können keine Rezepte aufgestellt werden, weil die beteiligten Kinder und Erzieher und die konkreten Situationen zu unterschiedlich sind. Andreas Flitner spricht nicht umsonst von der „Kunst des Praktikers", der „diese Regie" des Freispiels entwickeln muß[7].

Wesentlich ist die Beziehung der Erzieherin zu den Kindern, die – unausgesprochen – von ihr ausgeht. Sie wird von jedem Kind mitgetragen und entsteht jeden Tag neu als emotionales Klima in der Gruppe. Auf diese Ausstrahlung der Erzieherin sprechen die Kinder stärker an als auf alle Worte. Die Kinder reagieren auf jede Stimmung des Erwachsenen ebenso wie auf alle Veränderungen in ihrer Umgebung: sei es ein Beobachter oder ein Elternteil, die eine Zeitlang das Gruppengeschehen mitverfolgen, sei es eine Vase mit frischen Blumen auf dem Tisch oder ein neues Bilderbuch im Regal. – Aber auch die Stimmung der Kinder selbst, mit der sie von zuhause kommen: Was sie am Wege gesehen haben, was sie unterwegs erlebten, ob es windig ist und schneit oder ob die Sonne scheint, ob sie ausgeschlafen sind oder nicht, Zeit zum Frühstücken hatten oder sich beeilen mußten – all dies bestimmt die Gruppenatmosphäre eines jeden Tages neu.

---

[7] A. Flitner: Spielen – Lernen, 1972, S. 109.

 Ein Telefonanruf, der die Erzieherin von den Kindern wegholte (wenn die Anrufe nicht in die Zeit des indirekten Dienstes gelegt werden können, oder wenn kein Telefonrufbeantworter vorhanden ist), kann ausreichen, eine vorher intensive Spielatmosphäre plötzlich in Unruhe oder in eine fröhliche Lebendigkeit umschlagen zu lassen – je nach dem, was die Erzieherin emotional durch dieses Gespräch erlebt hat, und je nach dem, wielange sie die Kinder der Helferin oder gar sich selbst überlassen mußte. Bei Kindern, die an Selbständigkeit gewöhnt sind, wird solch eine „Abwesenheit" der Erzieherin keine Unruhe oder erst sehr viel später eine Unruhe auslösen als bei einer Kindergruppe, in der die Kinder von der Erzieherin abhängiger geführt werden.

Das Freispiel wird zu einer *Methode* der Kindergartenarbeit, bei der die Zusammenhänge von pädagogischem Weg und den entsprechenden Zielen bekannt sind, erst durch das Verständnis, das eine Erzieherin von ihrer pädagogischen Arbeit hat, und dem daraus sich ergebenden Verhalten. Neben der emotionalen Basis tragen Einstellungen und die damit verbundenen Ziele der Erzieherin wesentlich zur Gestaltung des Freispiels bei. Ich möchte einige Einstellungen in Frageform benennen:

- Welchen pädagogischen Wert mißt die Erzieherin selbst dem Freispiel bei?
- Wie verbindlich ist für sie ein Rahmenplan und ein Arbeitsplan?
- Welchen Stellenwert haben Ruhe und Ordnung bei ihr gegenüber lebhaftem Spiel und gegenüber der vielleicht dadurch entstehenden Unordnung?
- Setzt sie sich selbst ständig unter Zeitdruck oder bewahrt sie die Ruhe, auch wenn die Kinder langsamer sind, als sie eingeplant hatte?

- Setzt sie sich immer wieder Ziele, die sie unbedingt erreichen will?
- Hat sie das Bedürfnis, bei den Kindern im Mittelpunkt zu stehen, oder kann sie sich zurückhalten?
- Nimmt sie sich die Zeit, bei Konflikten den Hergang und die Motive beider Seiten anzuhören, oder handelt sie danach, wie sie selbst zufällig den Sachverhalt mitbekommen hat? – Traut sie den Kindern zu, Konflikte auch selbständig zu lösen?
- Dürfen die Kinder mit Spielmaterial nach eigenen Ideen umgehen oder nur nach jeweils vorherbestimmten Regeln? (betrifft vor allem sogenanntes „didaktisches" Material und zum Teil auch das Montessori-Material)
- Haben die Kinder freien Zugang zu wenigstens einem Teil des Gestaltungs- und Werkmaterials – oder fürchtet die Erzieherin den Materialverschleiß, wenn sich die Kinder ohne ihre Anleitung damit beschäftigen?[8]
- Erlaubt die Erzieherin den Kindern Musikinstrumente, Bilderbücher, Werkzeug und anderes spezielles Material selbständig zu verwenden? (Dies hängt von der Einführung der Erzieherin in den Umgang mit diesen Dingen und Materialien und den damit verbundenen Gefahren ab.)
- Dürfen die Möbel des Gruppenraumes nur in der Weise gebraucht werden, für die sie hergestellt wurden, oder dürfen sie auch umfunktioniert werden: Stühle als „Eisenbahn", Tisch als „Boot" usw.?

Ich gehe beim Freispiel – als Methode verstanden – von der Annahme aus, daß das Kind sich in einer ihm ent-

---

[8] Vgl. G. Beekmann: Freies Werken im Kindergarten, in: kindergarten heute, Heft 2/1979, S. 74.

sprechenden Umgebung – dazu gehören die Erzieherin, die Gruppe, das Materialangebot, die Raumaufteilung und -gestaltung, das emotionale Klima und die Außenanlagen – selbst bildet durch den Aufforderungscharakter, die Möglichkeiten und die Anforderungen, die diese Umgebung bieten.

▶ *Der Weg, diese Selbstbildung des Kindes in Gang zu setzen, ist sein selbständiges Tun im Nachahmen, Wiederholen und Selber-Ausdenken, dem die Erzieherin Anregung und Hilfe zu geben weiß.*

Es ist für eine Erzieherin nicht leicht, sich im pädagogischen Alltag wach zu halten und das anfängliche Interesse und die Freude am Beruf immer wieder neu zu gewinnen. Wer aber in den gewohnten Alltäglichkeiten die Bedeutung seiner pädagogischen Arbeit entdeckt, wird auf Fragen aufmerksam, die zur Selbsterziehung und zur beruflichen Vertiefung führen. Damit kann die Erzieherin der eigenen beruflichen Routine entgegenwirken, sich die Freude am Beruf erhalten und das Freispiel lebendig gestalten.

9 Führung des Freispiels

Das Freispiel führen heißt: Auf die Bedürfnislage der einzelnen Kinder und der ganzen Gruppe einzugehen.

1. Erkennen der Bedürfnislage und der Entwicklungsfähigkeit der Kinder durch:
   - intensive Beobachtung der Kinder, einzeln und als Gruppe(n);
   - persönliche Zuwendung zum einzelnen Kind; zunächst bei der Ankunft, dann auch während des Freispiels, Zuwendung auch zu Kleingruppen.

2. Pädagogisches Handeln aufgrund der Beobachtungen:

▶ *Neue und schüchterne Kinder:*

- Neulingen zeigen, wo Material zu finden ist; zwei bis drei Dinge zum Aussuchen anbieten (mehr verwirrt am Anfang!), eventuell mit dem Kind mitspielen, andere Kinder dazu rufen.
- Kinder, die Schwierigkeiten haben, sich von der Mutter zu trennen, anfangs mit der Mutter zusammen spielen lassen, andere Kinder dazu führen; später die Mutter nur beobachten lassen, dann eine zeitliche Trennung vereinbaren.
- Kinder, die das Spielen erst lernen müssen: Mit dem Kind zusammen ein Material auswählen und anfan-

gen zu spielen; wird das Kind aktiv, die eigene Aktivität zurücknehmen, aber dabeibleiben.

● Ängstliche Kinder zunächst einer Spielgruppe oder einer Einzelbeschäftigung zuführen; mit ihm zusammen eine Aktivität unternehmen und das Mittun des Kindes anerkennen.

● Ratlosen Kindern: Material vorschlagen zur Auswahl, Spiele vorschlagen, Kameraden vorschlagen oder zusammenführen.

▶ *Zuwendung:*

● Ein Werk, das ein Kind zeigen möchte, auch begutachten; wenn nötig, weiterführende Anregungen dazu geben.

● Das Werk gleich anschauen, nicht erst, wenn ...

● Nicht unerwünschte Beachtung geben und dadurch die Konzentration des Kindes stören!

● Einem Kind, das sich überfordert hat, aus seiner Problemlage helfen mit: Erklärung durch ein anderes Kind; gemeinsames Probieren (Erzieherin und Kind); oder Verständnis vermitteln, daß es noch zu schwer ist und daß das Kind es ein anderes Mal wieder probieren kann.

● Kindern, die stören, Anregungen geben, etwas zu tun, das ihnen Freude bereiten kann; vielleicht mit ihnen gemeinsam etwas tun (möglichst bevor es zum Stören kommt).

● Zerbrochenes Spielzeug möglichst sofort gemeinsam mit dem Kind, dem es passierte, ausbessern, damit es sieht, daß der Schaden behebbar ist; oder unreparierbares Spielmaterial aus dem Verkehr ziehen, ohne zu schimpfen.

● Sich von den Kindern ins Spiel hineinziehen lassen (ist zugleich auch ein Gradmesser des Vertrauens, das die Kinder dem Erzieher entgegenbringen und eine Aussage darüber, ob man noch selber fähig ist, zu spielen), aber die Spielführung weiterhin den Kindern überlassen!

● Einem Kind, das etwas erzählen möchte, mit Aufmerksamkeit, aus der heraus das Kind die Anteilnahme spürt, zuhören.

● Wenn ein (Klein-)Gruppengespräch stattfindet, jedem einzelnen Kind die Möglichkeit geben, gehört zu werden – ist, je größer die Gruppe wird, um so schwieriger.

● Ein Kind, das am Beobachten ist, darin nicht stören.

● Ein Kind, das ausruhen möchte, nicht zu einer Tätigkeit drängen.

● Kinder, die die Nähe des Erziehers suchen, nicht abweisen, aber trotzdem allmählich an selbständiges Tun heranführen.

● Ein Beschäftigungsangebot für eine (sehr) kleine Gruppe oder ein einzelnes Kind geben, bei dem die Kinder nach ihren Bedürfnissen dabeibleiben oder aufhören können.

● Ermutigung und Lob nicht aus „Erzieherpflicht" geben, sondern nur, wenn echte Freude und Anerkennung dahinter stehen – aber Gelegenheiten auch bemerken, die des Lobes wert sind!

● Intensiv spielende Kinder vor Störungen durch andere Kinder schützen.

● Den Widerspruch eines Kindes akzeptieren, wenn es irgend möglich ist – das Kind muß sich meistens genug anpassen.

● Konsequent bleiben in den den Kindern entsprechenden Anforderungen – Ausnahmen den Kindern einsichtig begründen.

● Kinder, die konzentriert spielen, nicht unterbrechen – sie auch während einer Gemeinschaftsbeschäftigung bei ihrem Tun lassen.

- Kindern, die häufig das Material wechseln, helfen, Ausdauer im Umgang mit *einem* Material zu entwikkeln durch Zuschauen, Mittun als Erzieher und später zeigen lassen, wenn das Kind fertig ist.
- Kindern, die sich über längere Zeit hinweg nur mit demselben Material beschäftigen und dabei keine weiterführenden Ideen entwickeln, helfen, Neues in ihr Spielen zu bringen durch Anregungen, Mittun, Hinzuziehen anderer Kinder.
- Anteil nehmen am Spielen der Kinder, aber nicht willkürlich, sondern aus der Beziehung zu jedem einzelnen Kind heraus.

▶ *Konflikte und Spannungen:*

- Konflikte beobachten; abwarten, ob die Kinder selbst zu einer Lösung kommen; Kinder Lösungsvorschläge machen lassen; die Kinder zu Lösungen hinführen, wenn sie von sich aus dazu nicht in der Lage sind.
- Kinder, die aggressive Fernsehgeschichten spielen, diese erzählen lassen, malen lassen – nicht in dramatische Handlung umsetzen lassen, da dabei meist nur ein Geschieße herauskommt; in Bewegungen umsetzen als rhythmische, gymnastische Übungen.

▶ *Organisatorisches:*

- Nicht die ganze Gruppe einer Mitteilung wegen aus dem Spiel reißen, wenn sie anschließend weiterspielen können.
- Wenn etwas zu sagen ist, um Aufmerksamkeit bitten und *warten,* bis der Blickkontakt mit jedem Kind hergestellt ist, und man sich so seiner Aufmerksamkeit versichert hat, dann erst sprechen – oder sich einen anderen Weg der Mitteilungform suchen: Zum Beispiel die Nachricht einem Kind mitteilen, das zu

den einzelnen Gruppen geht und sie weitersagt; sie den kleinen Gruppen selbst sagen.

- Die Nebenräume ins Freispiel miteinbeziehen, wenn es von der Selbständigkeit der Kinder her und von der Aufsichtsmöglichkeit her möglich ist, was nicht heißt, daß die Kinder unter ständigem Blickkontakt der Erzieherin stehen müssen.

▶ *Verschiedene Aufgaben:*

- Mit den Kindern zusammen Blumen gießen, Staub wischen, die anfallenden häuslichen Arbeiten regelmäßig verrichten, aber nicht als „Ämter" den Kindern zumuten – ist im Kindergarten zu früh!
- Die Kinder während des Freispiels beobachten und sich Notizen davon machen.
- Beim *gleitenden Frühstück* immer wieder beobachten, wie die Kinder sich die Hände waschen, essen, sich unterhalten – notwendige Hinweise geben und selber tun! (Teller spülen zeigen; mit vollem Mund nicht sprechen – begründen; Verständnis haben, wenn die Kinder diese Regeln bewußt negieren, weil sie sie bereits beherrschen und sich nur einen Spaß daraus machen, sie nicht zu befolgen.)
- So weit wie möglich selbst Ruhe und Freude als Erzieherin ausstrahlen. Leider überträgt sich jede innere Unruhe, jede Lustlosigkeit und Hast auf die Kinder (die Ursachen im eigenen Leben aufspüren und sich neu dazu einstellen) – gegen frohe Lebhaftigkeit ist dies nicht gesagt!
- Die Helferin mit einer kleinen Gruppe von Kindern etwas tun lassen – ihr auch die notwendige Anleitung dazu *vorher*, nicht vor den Kindern, geben.
- Das Verhalten der Erzieherin, wie sie sich bewegt, was sie macht, wie sie spricht und lacht, welche Einstellungen sie einem Kind und dessen Tun gegen-

über einnimmt – in allem ist sie (neben dem Elternhaus) prägendes Vorbild –, ob sie's weiß und will oder nicht. Sie wird von den Kindern geliebt und nachgeahmt. (Zum Beispiel: Hat sie ein „beliebtes" Kind oder einen „Sündenbock" in der Gruppe? – sie muß die eigene Einstellung befragen, nicht nur die der Kinder, und sich gegenüber besonders kritisch werden, wenn sie mit der Einstellung der Kinder übereinstimmt.)

● Immer wieder erklären, erinnern, zeigen, zuschauen lassen – Geduld! (Hundertmal gehört haben heißt noch nicht, daß sich das Kind trotz bester Absicht etwas hat merken können – besser ist: Beispiel geben!)

▶ *Umgang mit dem Material:*

● Jedes neue Material, jeden neuen Gegenstand auf eine ihm entsprechende Weise einführen: seinen Gebrauch, seine Handhabung; *nicht:* die Betätigungs- und Gestaltungsmöglichkeiten (das, was Freude beim selber-Entdecken bereitet); einigen wenigen Kindern zeigen, die es dann anderen Kindern zeigen können, wenn diese danach greifen. Material und Gegenstände sollen so weit wie möglich dem selbständigen Zugriff der Kinder überantwortet werden.

● Mit den Kindern zusammen den Austausch von begehrtem Material regeln.

● Material, das aus vielen kleinen Einzelteilen besteht, in Materialschalen holen, bereitstellen und auf Materialtabletts anordnen lassen; die Arbeiten der Kinder können so ein paar Tage angeschaut werden, und es erleichtert das Aufräumen den Kindern (und der Erzieherin).

● Immer wieder die Ordnung, wo und wie das Material aufbewahrt wird, zeigen; Neulinge einführen. Beim Herausholen darauf hinweisen, daß es nach

Gebrauch gleich wieder an dieselbe Stelle zurückgelegt wird, und beobachten, wenn ein Kind fertig ist; es ans Aufräumen erinnern oder mit ihm zusammen aufräumen.

● Das Ende der Freispielzeit durch Ankündigung (ca. 5 Minuten vorher) vorbereiten.

● Beim Aufräumen zusammenhelfen; als Erzieherin selbst mit aufräumen: Dinge aufheben; einem Kind so lange helfen, wie es aktiv mit dabei ist – *nicht:* den Kindern das Aufräumen ganz abnehmen oder die Helferin den Kindern alles nachräumen lassen.

● Das Aufräumen braucht anfangs, wenn viele Kinder neu gekommen sind, Zeit. Auch hier überträgt sich die Einstellung der Erzieherin auf die Kinder: Ob sie gerne aufräumt oder nicht, ob sie es als lästige Arbeit ansieht oder als zum Spiel dazugehörig – vielleicht selbst manchmal ein Spiel daraus machend.

▶ Bei allem Tun der Kinder: Der Weg, der Prozeß, wie das Kind etwas macht und daß es etwas macht, ist wichtig, nicht das Ergebnis oder das Handlungsziel.

Die Erfahrungen, die das Kind während des Prozesses macht, sind ausschlaggebend, sind das Entwicklungs- oder Bildungsziel!

Zusammenfassend kann gesagt werden: Damit das Freispiel in seiner vollen, positiven Bedeutung zur Wirkung gelangen kann, braucht das Kind den Erwachsenen, der es:

● annimmt
   – der jedes der Kinder bejaht, wie es ist;

● führt
   – der Grenzen setzt, die Halt bei genügend Freiheit („Spiel-Raum" im wörtlichen und im übertragenen Sinne) gewähren; die aber mit zunehmender

Sicherheit und Selbständigkeit des Kindes entsprechend erweitert werden;
- dessen Verhalten nachahmbar und nachahmenswert ist;

● anregt
- der mit dem Kind und für das Kind Erlebnisse schafft;
- der die Umwelt als Angebot gestaltet mit freiem Zugang zu ausreichendem und entsprechendem Spiel- und Beschäftigungsmaterial;
- der dem Kind Fertigkeiten und Techniken vermittelt, damit es das Angebot nützen und seine Fähigkeiten dadurch entwickeln kann;
- der dem Kind hilft, Beziehungen zu anderen Kindern und zum Erzieher aufzubauen, Konflikte zu lösen, sich in die Gruppe zu integrieren und dabei sich selbst zu behaupten, und der die gegenseitige Hilfsbereitschaft fördert;
- der Spielvorschläge geben kann;
- der Zeit für Gespräche hat;

● beobachtet
- um nicht vorschnell, aber auch nicht zu spät in eine Situation einzugreifen oder ein Angebot zu machen;
- um zu spüren, wie lange die Spannkraft der Kinder das Freispiel durchträgt;
- um die Entwicklung eines jeden Kindes zu verfolgen und ihm entsprechende Anregungen geben zu können;
- um den Stand der Gruppe als Gruppe zu erfassen;
- um Gefahren rechtzeitig abzufangen.

Das Problem der Erzieherin, mit den vielfältigen Aufgaben während des Freispiels fertig zu werden, beschreibt Maria Maas so: „Man wird wohl nie alle Aufgaben gleichzeitig wahrnehmen können. Es gilt daher, in ständig neuem Bemühen die jeweils wichtigsten und notwendigsten Aufgaben zu erkennen und diese dann in seinem momentanen pädagogischen Handeln und Reagieren zu berücksichtigen. Dies aber wird nur dem Erzieher gelingen, der innerlich aktiv und lebendig Anteil nimmt am Spiel der Kinder, auch und gerade dann, wenn er äußerlich eine passive Haltung einnimmt."[9]

3. Selbsterziehung

Diese pädagogische Arbeit verlangt, daß die Erzieherin ihr Augenmerk nicht nur auf die Entwicklung der Kinder richtet, sondern auch auf ihre eigene Persönlichkeit. Sie selbst muß lernen, die Veränderungen zu erleben, die die Erfahrungen mit den Kindern in ihr bewirken. Wenn die Erzieherin für sich selbst Zielvorstellungen entwickelt und durch ihr Beispiel, ihr So-sein die Kinder an ihrem eigenen Mensch-werde-Prozeß teilnehmen lassen kann, fördert sie die Fähigkeit der Kinder, eine eigene Persönlichkeit zu entwickeln. Innere Freiheit ist zugleich auch Selbstbegrenzung in Verantwortung und verlangt immer neue Entscheidungen. Die Kinder sollen lernen, daß neben dem Durchsetzungsvermögen auch Verzicht und Selbstbegrenzung geleistet werden müssen, um ein gutes Miteinander zu ermöglichen.

Eine Erzieherin, die an sich arbeitet, wird nicht nur die Kinder beobachten und ihre pädagogischen Schlüsse daraus ziehen, sondern sie beobachtet auch sich selbst oder läßt sich beobachten. An den Schwierigkeiten und an den Freuden, die ihr die Kinder bereiten, kann sie ablesen, wo sie sich Gedanken machen muß oder wo sie mit sich zufrieden sein kann. Dabei wird sie lernen, zu unterscheiden, welche Schwierigkeiten und Freuden in der Lebenssituation des Kindes

---

[9] M. Maas: Das freie Spiel im Kindergarten, in: kindergarten heute, Heft 2/1974, S. 57.

begründet sind – also von ihr unabhängig sind – und welche von ihrem eigenen Verhalten abhängen. Nur auf die letzteren kann sie direkten Einfluß nehmen. Viel gewonnen hat eine Erzieherin, wenn sie ihr Fehlverhalten bemerkt, sich aber dann nicht durch ein schlechtes Gewissen entmutigen läßt, sondern sich kleine Schritte überlegt, wie sie es abändern kann: Sich nach Möglichkeit der Ursachen klar zu werden suchen und dann sich für ähnliche Situationen alternative Verhaltensweisen überlegen.

4. Zusammenarbeit

Für das emotionale Klima in einer Gruppe ist es von Bedeutung, ob die Erzieherin sich wohl fühlt bei ihrer Arbeit. Dieses Wohlbefinden hängt unter anderem auch davon ab, welche Beziehungen eine Erzieherin zu ihren Mitarbeiterinnen, den Eltern der Kinder und dem Rechtsträger hat. Eine gute Zusammenarbeit besteht dann, wenn Konflikte offen und fair ausgetragen werden können und von den Beteiligten gemeinsam angenommene Lösungen gefunden werden.

Erzieherinnen und Helferinnen einer Einrichtung sollten miteinander über ihre pädagogischen Probleme sprechen können, ohne Angst davor haben zu müssen, daß sie deshalb als „unfähig" angesehen würden oder daß etwas von diesen Gesprächen nach außen getragen wird. Der Austausch pädagogischer Fragen führt nicht nur zu kompetenterem Handeln in der Kindergruppe, sondern auch zur Weiterentwicklung der Persönlichkeit und zur inneren Bereicherung der am Gespräch Beteiligten[10]. So wird deutlich, daß der ganze Kindergarten ein sozialer Organismus ist, dessen Beziehungsstrukturen in die einzelnen Gruppen hineinwirken.

---

[10] H. Fischer, Teamarbeit im Kindergarten. Freiburg 1983.

Materialangebot

Materialauswahl

Die Auswahl des Spiel- und Beschäftigungsmaterials für das Freispiel sowie der Gebrauchsgegenstände (zum Beispiel: Scheren, Besen, Werkzeug, Frühstücksgeschirr u.a.m.), mit denen die Kinder selbständig umgehen können, ist eine wichtige Aufgabe der Erzieherin. Nicht nur die Menschen beeinflussen einander innerhalb einer Gruppe, auch die Dinge und das Material können fördernd und bildend oder hemmend und verbildend auf die Kinder wirken. Sie bilden daran ihren Geschmack, sie lernen Materialqualitäten kennen und das Unterscheiden von künstlichen und natürlichen Stoffen, sie erüben sich Fertigkeiten, Kenntnisse und Fähigkeiten. Sie müssen ihre Beziehungen zueinander ausprobieren und regeln: sich gegenseitig helfen, Werkzeuge oder Material austauschen oder teilen usw.

Am Spiel- und Beschäftigungsmaterial erfährt das Kind ein Stück realer Umwelt und kann sich damit auseinandersetzen; es verschafft sich beispielsweise durch Bau- und Legematerial oder Werkmaterial wichtige Eindrücke. Andererseits soll das Material dem Kind auch zur Gestaltung und zum Ausdruck dienen können, wie Sand, Farben, Knetmasse – und es muß Material geben, das die Kinder zusammenführt, zu gemeinsamen Spielen anregt wie die Verkleidungskiste oder Memory.

Das Material muß für eine altersgemischte Gruppe
so ausgewählt werden, daß es den Bedürfnissen der
Kinder verschiedener Entwicklungsstadien entspricht.
Besonderer Vorzug ist – neben altersspezifischen Materialien – solchen Materialien zu geben, die in sich so
einfach sind, daß bereits das 3(½)jährige Kind damit
zu spielen versteht, die aber auch höheren Anforderungen entsprechen können, so daß noch die 6jährigen
Freude haben, damit umzugehen, zum Beispiel: Bälle,
Bausteine, Legematerial, Farben, einfache Musikinstrumente, die wohl klingen, Puppen, Holzperlen –
auch Material zum Werken und Basteln gehört ins
Freispielangebot. So können sich die Kinder nach verschiedenen Richtungen hin ausbilden, üben und ihre
gewonnenen Fähigkeiten bei nächster Gelegenheit einsetzen.

„Didaktisches" Material

Materialien, die eng umgrenzte Kenntnisse vermitteln
oder bestimmte Fertigkeiten üben wollen, verweisen
das Kind immer wieder auf seine eigenen Leistungen
zurück. In ihnen ist der Leistungswille und/oder die
Logik von Erwachsenen zu einem Sachzwang geron-
nen, der *scheinbar* dem Kind seine handelnde und emotionale Freiheit beläßt, der ihm aber seine geistige Freiheit beschneidet, weil das Kind zu ganz bestimmten
Ergebnissen, Verhaltens- und Denkweisen geführt
wird. So vermag dieses Material gerade *nicht* das spontane, freie Interesse geistig lebendiger Kinder zu wek-
ken und zu fördern. Das Neue des „didaktischen"
Materials besteht darin, daß es eine Funktion des Intel-
lekts herausfordert und übt oder daß es komplexe,
aber grundlegende Dinge wie Sprache oder Verkehrs-

verhalten nahebringen soll. Daraus ergibt sich, daß ein großer Teil des „didaktischen" Materials für das Kind, wenn es die geforderten Fertigkeiten beherrscht, uninteressant wird. Denn – haben sie einmal herausgefunden, „wie es geht", so ist aller Reiz verschwunden, wie zum Beispiel bei den Puzzles. Zudem erfordert es häufig eine Anleitung, die sich nicht ohne weiteres aus dem Material selbst ableiten läßt. Da dieses Material von vorneherein mit einer Zielvorstellung des Erwachsenen ausgestattet ist, werden meist Spiele des Kindes damit, die nicht dem Ziel entsprechen, unterbunden – damit aber auch Formen der Erfahrung und des kindlichen Ausdrucks, die der Erwachsene nicht in diesem Material zu sehen vermag. So wird das Kind in seinem schöpferischen Ausdruck eingeengt und die Freude am eigenen Tun – und damit auch an Leistung – nicht gefördert. Außerdem besteht die Gefahr, daß der Erwachsene, der selbst im Leistungskampf steht, diesen auf das Kleinkind überträgt und damit das Kind überfordert oder sogar schädigt. In der Behindertenpädagogik, aus der heraus dieses Material – das Montessori-Material vor allem und in Anlehnung daran das „didaktische" Material – entwickelt wurde, hat es *richtig eingesetzt* sicher seinen berechtigten Platz.

Nicht die *Lerninhalte* der „didaktischen" Materialien – soweit sie die Wahrnehmung durch die Sinne ansprechen – sind meines Erachtens unangemessen, sondern die methodisch-abstrakte Isolierung der Erfahrungen aus dem Lebenszusammenhang der Kinder im Vorschulalter. Einer Erzieherin kann dieses Material zur Anregung nützlich sein. Zum Beispiel kann sie auf verschiedene Sinneseindrücke im Erfahrungsbereich der Kinder bewußter achten und auch die Kinder darauf aufmerksam machen, so daß sie Freude am Entdecken gewinnen. Es könnten die verschiedenen Stoffoberflä-

chen – statt auf gleichgroße Unterlagen geklebt – an
der Bekleidung, den Möbeln, Wänden, Fußböden und
anderem ertastet und in ihren Eindrücken verglichen
werden. Sie sind so im lebendigen Zusammenhang mit
der Umwelt und den Mitmenschen zu erfahren und zu
erleben. Ähnlich kann man es mit Farben, Formen,
Klängen und Geräuschen, mit dem Riechen und dem
Schmecken halten. Zu Anfang ihrer Bemühungen ko-
stet es die Erzieherin bestimmt Anstrengung, die Möglichkeiten im Alltag aufzuspüren, die dieser für die
Ausbildung der Sinne und das Erfassen von Zusammenhängen bietet, auch für Sprache und Verkehrser-
ziehung. Doch gibt sie damit den Kindern die Erfah-
rungsgrundlage, selbst nach solchen Möglichkeiten zu
suchen. Die Intelligenz wird also nicht am Material er-
übt, sondern fördert sich durch die eigene Neugier-
und Aufmerksamkeitsbereitschaft der Kinder.

Fragen zur Materialbeurteilung, die man sich in bezug
auf das im Kindergarten verwendete Material einmal
stellen kann[11]:

1. Grundsätzliche Fragen:

- Kenne ich das Material schon genau?
- (bei neuem Material) Kann ich es, ohne selbst in des-
  sen Gebrauch eingeführt zu werden, einsetzen? –
  Wo hole ich mir gegebenenfalls die entsprechende
  pädagogische, nicht kommerzielle, Information?
- Kann ich die Informationen, Erfahrungen, die das
  Material dem Kind vermittelt, selbst erkennen?
- Welche Schwierigkeiten bietet das Material für das
  Kind?

---

[11] Vgl. D. Höltershinken: Spielzeit, Freiburg 1980.

- Welchen Entwicklungsstand und welche Kenntnisse setzt das Material voraus?
- Welche Gefahren können mit dem Material für das Kind verbunden sein – je nach Entwicklungsstand/Alter?
- Weshalb halte ich das Material für gut (aus eigener Erfahrung, eigenem Urteil; auf Empfehlung anderer?)
- Richte ich meine Ziele nach dem Material aus?
- Kann dasselbe Ziel auch mit anderem Material – welchem – erreicht werden?
- Überlege ich mir erst meine Ziele und suche dazu das passende Material? (Zum Beispiel: Übung der Reaktionsfähigkeit – „Spitz paß auf".)
- Ist das Material nach Gesetzmäßigkeiten aufgebaut, die das Kind ohne Hilfe selbst erkennen kann?
- Kann das Material nur unter Aufsicht vom Kind gehandhabt werden?
- Ist das Kind auf eine Einführung im Umgang mit dem Material angewiesen?
- Kann das Kind durch selbständiges Umgehen mit dem Material die Informationen, die es bietet, erfassen? Ist spontaner Umgang mit dem Material möglich?
- Besitzt das Material für das Kind Aufforderungscharakter? Regt es zum Ausprobieren oder Untersuchen an?
- Bietet das Material Kindern in verschiedenen Alters-/Entwicklungsstufen geeignete Beschäftigungsmöglichkeiten?
- Bietet das Material vielerlei Möglichkeiten?
- Bietet das Material „Probleme" an, die zu lösen sind?
- Ist der Umgang mit dem Material an Regeln gebunden – welche?

- Welche sozialen Normen werden durch das Material vermittelt: Leistungswettkampf, Hilfsbereitschaft – ein Gegeneinander der Spieler oder ein Miteinander?
- Bei Material, das aus Einzelelementen besteht: Dauert das Aufräumen genauso lange wie das Zusammensetzen oder Aufbauen (zum Beispiel: Kettenglieder) – Das Aufräumen sollte ohne Ausnahme immer schneller gehen!
- Welche Fähigkeiten (zum Beispiel: Konzentration) oder Fertigkeiten (zum Beispiel: Schuhe zubinden) werden hauptsächlich mit Hilfe des Materials geübt – aufgrund der Beschaffenheit des Materials; aufgrund der Einsatzweise durch den Erzieher?
- Ist das Material geschmackvoll gestaltet und angenehm zum Anfassen?
- Ist das Material auf bestimmte Informationen, Erfahrungen festgelegt – also nur zum saisonbedingten Einsatz geeignet?
- Braucht das Material Pflege – welche?
- Entsprechen Qualität und künstlerische Gestaltung des Materials dem Preis?

Die Beantwortung dieser Fragen setzt voraus, daß die Erzieherin mit neuem Material *selbst spielt,* es ausprobiert, bevor sie es den Kindern zur Verfügung stellt.

2. Welche Ziele verfolge ich mit dem Material[12]:

- Suche ich Material zu einem bestimmten Problemkreis? (sachbezogen, zum Beispiel: Ergänzung der

---

[12] Die unter 1. und unter 2. genannten Fragen unterscheiden sich in der Perspektive: 1. = vom Material ausgehend – verschiedene Ziele und Anforderungen; 2. = vom Ziel her verschiedene Materialien betrachtet.

Puppenecke; fähigkeitenbezogen: ein Spiel, das feineres Hören übt, wie „Hund und Knochen"; sozialbezogen: ein Spiel, das zu gemeinsamem Tun anregt – Verkleidungskiste)

● Soll das Material Erfahrung (Wahrnehmung, Sinnesübung) vermitteln?

● Soll das Material Informationen, Wissen anbieten?

● Soll das Material bestimmte Fähigkeiten fördern? (zum Beispiel: Konzentration, Leistungsmotivation, Selbständigkeit, Hilfsbereitschaft)

● Soll das Material bestimmte Fertigkeiten üben? (Zum Beispiel: Balance halten, Knöpfe zumachen usw.)

● Soll das Material Gefühl, Gemüt, Geschmack ansprechen? (Dies geschieht immer! – aber wie!)

● Soll das Material zum Ausdruck anregen?

● Soll das Material dem Rollenspiel dienen – auf welche Weise?

● Soll das Material Denkwege, Arbeitsstrategien anregen, „üben" – nicht von außen gefordertes Üben!!! Welche Denkwege und Arbeitsstrategien soll es anregen?

● Soll das Material soziale Erfahrungen ermöglichen – welche?

● Soll das Material zur Förderung der Selbständigkeit und Selbstsicherheit eingesetzt werden?

3. Methodischer Einsatz des Materials:

● Soll das Material zur Einzelbeschäftigung geeignet sein?

● Soll das Material in der Gruppe einsetzbar sein – bis zu wieviel Kindern?

● Soll das Material zur freien Verfügung gegeben werden?

- Soll das Material nur unter bestimmten Bedingungen eingesetzt werden? (gruppenprozeßbedingt: zur Anregung von gemeinsamem Tun; kenntnisbedingt: die „Uhr" erst kurz vor Schuleintritt; jahreszeitlich bedingt: Bälle im Sommer, Schlitten im Winter, Drachen im Herbst; festkreisbedingt: Martinslaternen u. a. m.)
- In welcher Situation muß der Erzieher welchem Kind erklärende oder weiterführende Vorschläge im Umgang mit dem Material geben, damit sich das Kind nicht so überfordert, daß es die Lust dabei verliert?
- Für welches Kind ist das Material zu leicht, für welches zu schwierig? (Entwicklungsstand des Kindes)
- Wie stelle ich das Material für die Kinder bereit? (Anzahl; offenes – geschlossenes Regal; sortiert – gemischt usw.)

Die Beantwortung dieser Fragen kann bei der Auswahl von neuem Material helfen. Man kann aber auch schon vorhandenes Material einmal auf diese Weise betrachten und wird es dann bewußter und begründeter einsetzen als bisher. Vielleicht erkennt man dann auch das eine oder andere Material als sinnlos und ist bereit, es durch anderes zu ersetzen.

Im Laufe eines Jahres kann manches Material für eine Zeitlang weggeräumt werden, um es später wieder neu in die Gruppe einzuführen. Es gewinnt dadurch für die Kinder den Reiz der Neuheit und hilft, ein Überangebot zu vermeiden.

11 Raumgestaltung

Abgesehen von der Erzieherin und den Kindern selbst sind unter anderem auch Raumausstattung und Raumgestaltung für die möglichen Aktivitäten der Kinder während des Freispiels bestimmend.

Früher gab es in einem größeren Gruppenraum so viele Stühle, wie maximal Kinder für die Gruppe zugelassen waren, und die entsprechende Anzahl Kindertische, dazu einen Materialschrank für die Kinder und einen für die Erzieherin – für diese noch einen Tisch mit Stuhl.

Heute ist der gegliederte Gruppenraum die Regel, der manchmal sogar mit einer voll funktionsfähigen Erwachsenenspüle – in Kinderhöhe angebracht – ausgestattet ist. Bauteppich und Puppenecke sind mit den dazugehörigen Regalen oder Raumteilern für das entsprechende Spielmaterial Allgemeingut geworden[13]. Bilderbuchecke, Malplatz oder ein Platz für Musikinstrumente sind eine weitere Bereicherung. Manche

---

[13] W. Neuwirth: Der Gruppenraum, o.J., Diözese Linz.

„Ecken" werden von Zeit zu Zeit ausgetauscht, vor allem dann, wenn nur ein kleiner Gruppenraum zur Verfügung steht oder wenn man ein Überangebot vermeiden will. Es gibt noch den Handarbeitsplatz, das Regal zum Experimentieren mit Lupe, Magnet, Sanduhr, Kompaß, Waage, Wecker u. a. m., den Werkplatz, den Kaufladen, die Verkleidungskiste, die Wandtafel, den Frisierplatz, die Telefonecke und vielleicht auch einen Platz zum Ausruhen. Diese „Ecken" fördern die Bildung kleiner, sich spontan zusammenfindender Gruppen. Sie sind eine Hilfe für Kinder, die sich in der großen Gruppe nicht wohl fühlen. Der flexible Platz, der für die verschiedensten Aktivitäten benutzt wird, der je nach Bedarf für Tische und Stühle oder als freier Platz verwendet wird, muß so groß sein, daß ein (Stühle-)Kreis mit allen Kindern der Gruppe gebildet werden kann für Gesellschaftsspiele und Erzählrunden.

Der Gruppenraum sollte von Zeit zu Zeit mit den Kindern zusammenen umgestaltet werden, wenn ein entsprechendes Bedürfnis vorhanden ist. Dabei ist darauf zu achten, daß das Material sinnvoll den einzelnen Spiel- oder Arbeitsplätzen zugeordnet ist. Zum Beispiel muß das Baumaterial, wie kleine Autos, Bäume, Figuren usw. vom Bauteppich aus ohne Umwege durch andere Bereiche zugänglich sein. Laute Bereiche wie Bauplatz und Puppenecke können nebeneinander liegen. Leise Bereiche wie Malplatz und Bilderbuchecke passen gut nebeneinander. Es sollten keine ausgesprochenen leise Bereiche direkt neben den lauten arrangiert werden.

Ein Platz im Raum, der entsprechend der Jahreszeit und/oder dem Festkreis immer wieder neu geschmackvoll gestaltet wird, bedeutet für die Kinder Anregung und Miterleben. – Kleine Veränderungen, die die Aufmerksamkeit der Kinder herausfordern: ein neues Bilderbuch im Regal, das Wegnehmen eines selten benutzten Materials, ein neuer Blumenstrauß auf dem Tisch lehren die Kinder, wenn darüber gesprochen wird – eine kleine Bemerkung nur –, ihre Umwelt genau zu beobachten und Beziehungen zu dieser Umwelt, den Menschen, Tieren, Pflanzen und Dingen, aufzunehmen[14].

---

[14] Vgl. dazu H. Müller/P. Oberhuemer, Die Welt, die uns umgibt. Erleben–begreifen–gestalten (Reihe: Praxisbücher Kindergarten), 1982.

12 Das Spiel im Freien – Freispiel und angeleitete Beschäftigungen

Vielerorts wird das Spielen der Kinder im Freien von Erzieherinnen so aufgefaßt, daß die Kinder „springen" dürfen, das heißt, daß sie möglichst ohne Einmischung der Erwachsenen ihrem Bewegungsbedürfnis nachgehen können. Der Erzieher fühlt sich entlastet, da er meint, seine Aufgabe bestünde nur darin, schwere körperliche Verletzungen der Kinder zu verhindern und bei leichteren gleich Erste Hilfe zu leisten; dazu kommt noch die Streitschlichtung.

Dieser Einstellung der Pädagogen entspricht oft auch die Anlage eines Kindergarten-Spielgeländes. Diese Anlagen sind in der Regel nicht von den Erzieherinnen selbst geplant und bestehen aus einem Stück Rasen, ein bis zwei Sandgruben und zwei bis drei Kletter- oder Schaukelgeräten, ein paar Bäumen – alles so übersichtlich, daß der Platz zum Rennen, Springen, Klettern und Sandspielen geeignet ist – manchmal auch noch zu angeleiteten Bewegungs- und Kreisspielen (Kindertänze[15]).

---

[15] F. Hoerburger/H. Segler (Hrsg.): Klare, klare Seide, 1962.

Im folgenden will ich aufzeigen, daß auch draußen Freispiel und angeleitete Beschäftigungen *bewußt* geführt (aber nicht dirigiert!) werden sollten, damit sie den Kindern viele Möglichkeiten für reiche und differenzierte Erfahrungen bieten können.

Abhängigkeiten

Ebenso wie die Möglichkeiten des Freispiels im Gruppenraum von der Raumaufteilung, dem Spiel- und Beschäftigungs-Materialangebot und der Erzieherin abhängen, ebenso hängt das freie Spielen der Kinder draußen von den Gegebenheiten der Außenanlagen, dem beweglichen Spiel- und Arbeitsmaterial sowie von dem Verhalten und den Einstellungen der Erzieherinnen ab.

▶ *Außenanlagen:*

An Grundausstattung der Außenanlagen eines Kindergartens – auch bei beengten Verhältnissen – braucht jeder zwei- bis dreigruppige Kindergarten mindestens zwei große Sandspielplätze, die teilweise überschattet sind; eine Rasenfläche zum Laufen, für Kreis- und Bewegungsspiele oder zum Ausruhen; einen Wasserplatz (Planschbecken, Wasserschlauch, gestalteter Brunnen, gefaßte Quelle, kleines Bächlein – je nach vorhandener Möglichkeit) für Wasserspiele und Spiele mit Wasser und Sand; einen Kletterbaum; Sitzgelegenheiten.

Diese Grundausstattung der Außenanlagen eines Kindergartens kann – je nach Geländegröße, -lage und -beschaffenheit – ergänzt werden durch:

Wege und Hecken   (keine giftigen und dornigen Sträucher!) – als Abgrenzung der einzelnen Spielbereiche

Buschwerk	als Versteckmöglichkeit, als „Ecke" zum Hüttenbauen, für Puppenspiel
Bäume	als Schattenspender (Sauerstoffspender) bei den Sandkästen und am Rasenrand, zum Erlebnis der Jahreszeiten, zum Ernten
Wiese	um die durch Unkrautvernichtungsmittel zurückgehenden heimischen Wiesenpflanzen kennenzulernen, Kleintiere und Insekten zu beobachten
Sitzecke	bei Bäumen oder Gebüsch – fürs Puppenspiel, zum Anderen-Kindern-Zuschauen, zum Ausruhen, zum Miteinander-Sprechen, zum Erzählen
Wandfläche	zum Ballspielen, als Windschutz
Wandtafel	zum großflächigen Kreidemalen, zum Gemeinschaftsmalen
Freilufthalle	(besonders bei Tagesstätten zu empfehlen) – zum Draußen-Spielen bei schlechtem Wetter, für Liegestühle, als Eßplatz
fester Platz	(Tenne = luftig überdachter, festgestampfter Lehmboden – auf keinen Fall: Asphalt oder Pflastersteine) für Ballspiele, Seilspiele, zum Fahren, für Verkehrserziehung
abschüssige Rasenfläche	zum Hinunterrollen, -laufen und Steigen, Schlittenfahren
Platz für Vogelfutterhaus und/oder Nistkästen	zur Tierbeobachtung und zur Pflege der Beziehung zum Tier
Hecke neben dem Zaun	als Sichtschutz zur Straße, als Windschutz, zum Verstecken

kleine Beete für jedes der älteren Kinder	zum Selberbearbeiten mit Anleitung
Blumenbepflanzung	(von der Erzieherin zu pflegen) zur Beobachtung, zur Freude aller, zum Mittun für die Kinder, als Zimmerschmuck

Es wäre ein zu weitläufiges Gelände nötig, um alle aufgeführten Bereiche anzulegen. Es wäre nicht mehr übersichtlich genug – damit auch pädagogisch ungeeignet – und erforderte zu großen pflegerischen Aufwand. Man muß also nach den Bedürfnissen der Kinder (entsprechend ihrer Entwicklung), den eigenen pädagogischen Intentionen und den Geländemöglichkeiten aus dem Vorgeschlagenen auswählen oder anderes hinzu(er)finden!

Auf Klettergeräte, Schaukel und Rutschbahn (die sehr beliebt bei den Kindern sein können) könnte meines Erachtens mancherorts verzichtet werden, da diese Geräte oft auf öffentlichen Spielplätzen installiert sind und dort den Kindern unter Aufsicht und in der Verantwortung von Angehörigen zugänglich sind.

▶ *Organisatorisch-Praktisches:*

In einem Kindergarten mit kleinerem Spielplatz werden die einzelnen Gruppen sich zeitlich über dessen Benutzung absprechen müssen. Bei einem größeren Gelände, das in verschiedene Bereiche aufgeteilt ist und/oder feste Geräte enthält, sollten Erzieherinnen und Helferinnen sich jeweils neu absprechen, wer für welchen Bereich verantwortlich ist. Selbstverständlich, daß sie sich innerhalb ihres Bereiches von den Kindern in deren Spiele hineinziehen lassen, ohne die Kinder nach ihrer Gruppenzugehörigkeit zu trennen.

Mit den Eltern muß abgesprochen werden, ob ihr Kind barfuß laufen darf, wenn ein Wasserbehälter oder Planschbecken vorhanden ist oder auch nur im Sand oder Rasen. Ebenso sollten die Eltern darauf aufmerksam gemacht werden, daß die Kinder mehr Freude am Spielen und an ihren Tätigkeiten draußen haben (und dabei auch mehr erfahren und erleben), wenn sie sich ungehindert bewegen können. Dazu muß die Kleidung in Material und Schnitt geeignet sein, so daß sie das Kind nicht stört, und sie muß gut waschbar sein. Kinder, die sich nicht „schmutzig" machen dürfen, können sich nicht ungehindert ihrem Spiel hingeben und am Spiel anderer teilnehmen.

Werden die Kinder von ihren Angehörigen „draußen" abgeholt, so ist – noch mehr als drinnen – darauf zu achten, daß jedes Kind sich von (s)einer Erzieherin verabschiedet, damit sie weiß, wer schon abgeholt worden ist. Die Angehörigen sollten am Gartentürchen bleiben und nicht mit den Kindern durcheinanderlaufen. Zu leicht kann dabei ein Kind unbedacht und unbemerkt davonlaufen.

Das größere Tor zum Sand-einfahren bleibt normalerweise verschlossen. Das Gartentürchen sollte immer geschlossen (nicht *ver*schlossen) gehalten werden. Die Spiel- und Gartenanlage muß ringsum von einem Zaun umgeben sein, den die Kinder nicht überklettern können. Er soll auch die Hunde dem Gelände fern halten.

Für größere Kindergärten (= Kindergärten mit mehr als drei Gruppen, wenn dies nicht zu vermeiden ist) sind die wichtigsten Spielbereiche je Gruppe oder zumindest für je zwei Gruppen einzurichten.

Die Erzieherinnen müssen die Gefahrenmomente ihrer Einrichtung drinnen wie draußen kennen und den Kindern immer wieder erklären, wie sie diesen Gefahren ausweichen oder sie vermeiden können.

▶ *Wartung:*

Natürlich bedarf jeder Bereich einer entsprechenden Pflege und Wartung: Der Sandkasten sollte über Nacht, wenn er unbenutzt ist, wegen der Katzen abgedeckt sein. Er muß von Steinen und Blättern frei gehalten (gesiebt) werden. Im Winter sollte der Sand zu einem Berg gehäufelt werden, damit der Frost gut daran kann – Frost desinfiziert! Auch aus der übrigen Anlage müssen regelmäßig Glassplitter, Nägel, Papier und andere Abfälle entfernt werden. Fester Platz und Halle sind zu kehren. Bewegliches Spielmaterial und Geräte müssen abends eingesammelt und verwahrt werden. Defekte Spiel- und Turngeräte sind zu reparieren oder zu entfernen. Das Laub, das von den Rasenflächen entfernt wird, kann unter die Sträucher verteilt werden (Naturgarten-Anregungen sind zum Teil auch auf den Kindergarten übertragbar[16]).Die Wiese muß ein- bis zweimal im Jahr gemäht werden. Gefahrenquellen müssen beseitigt werden oder den Kindern wenigstens einsichtig sein, so daß sie sie meiden können. Löcher im Rasen sind auszufüllen, um verstauchte Knöchel zu vermeiden. Schaukelaufhängeringe müssen mit Vaseline ab und zu eingefettet werden, damit sich das Eisen nicht durchschabt (Schaukel, falls vorhanden, mit kleiner Hecke umgeben und nur einen Zugang seitlich lassen, damit keines der Kinder unbedacht in die schwingende Schaukel rennen kann). Hecken müssen zurückgeschnitten oder ausgeschnitten werden, die Blumen gepflanzt und begossen sein. Die Wasserstelle ist regelmäßig zu reinigen, wenn es stehendes Wasser ist, in dem die Kinder planschen können. – Diese Liste ließe sich sicher noch ergänzen!

---

[16] U. Schwarz: Der Naturgarten, 1980.

Die Kinder können unter pädagogischen Gesichtspunkten bei der Pflege der Anlage mithelfen – aber nur insoweit sie dazu in der Lage und mit Interesse dabei sind. Wenn es in eine zu übernehmende Pflicht ausartet oder diese Arbeiten zur Zeit der Anwesenheit der Kinder vom pädagogischen Personal bewältigt werden müssen, ist die Situation der Entwicklung der Kinder nicht förderlich.

Der Rechtsträger, in dessen Verantwortung solch eine Anlage geplant und angelegt wird, muß sich dabei auch den pflegerischen Arbeitsaufwand überlegen und wie er zu bewältigen ist, ohne daß die pädagogische Arbeit beeinträchtigt wird. Manche Arbeiten können sicherlich von Eltern freiwillig oder durch eine vom Rechtsträger zu stellende Person übernommen werden.

Die Pflege des Spielgeländes spielt sicher eine Rolle dabei, ob sich die Kinder dort wohl fühlen. Es soll keine „sterile" Anlage sein wie eine städtische Parkanlage. Sie muß nicht von jedem Unkräutlein gleich befreit werden. Die Kinder sollen Lebendiges erfahren können und erleben; sie sollen mit Freude spielen können, ohne durch Ge- und Verbote ständig eingeschränkt zu werden.

Pädagogische Überlegungen zum Freispiel

Das Anbieten der *vorbereiteten Umgebung* ist – ebenso wie im Gruppenraum – auch draußen eine Aufgabe der Erzieherin. Eine Erzieherin, die mehrere Jahre hindurch in einer Einrichtung arbeitet, wird auf die Spielplatzgestaltung im Laufe der Zeit Einfluß nehmen und manches umgestalten können. So verbindet sie sich und die Kinder mit der Anlage. Sie wird lernen, den

Kindern Möglichkeiten zu verschiedenen Tätigkeiten zu erschließen und sie für Erfahrungen zu sensibilisieren.

Weiterhin muß die Erzieherin ihre Kinder beobachten: Wie sie sich fühlen, wann sie Aufmerksamkeit, Hilfe, Trost oder Anregungen benötigen:

 Aufmerksamkeit zum Beispiel für ein Gespräch, für ein Werk; Hilfe bei Verletzungen (Erste-Hilfe-Kästchen laufend ergänzen!), bei der Lösung praktischer oder sozialer Probleme; Trost auf den Schreck hin, wenn sich ein Kind verletzt hat, wenn eines das andere an- oder umgestoßen hat, wenn einem etwas zerbrochen ist oder von anderen kaputt gemacht wurde, wenn eines noch seiner Mutter nachtrauert; Anregungen, wenn sie sich eine schwierige Aufgabe gestellt haben, wenn sie nicht wissen, was sie im Augenblick tun können, aber etwas tun möchten usw.

Die Erzieherin hat den Kindern die Gefahrenquellen im Spielgelände, an den Geräten usw. deutlich zu machen und ihnen immer wieder zu zeigen, wie sie sich davor schützen können.

Die Witterungen sind selbstverständlich in die Arbeit einzubeziehen: Sonne, Wind, Regen, Schnee, Gewitter bieten Anlaß zum Erleben. Nur bei Gewitter sollten die Kinder im Haus bleiben, ansonsten können sie – je nach Witterung – länger oder kürzer hinaus. Regen und Kälte müssen nicht vom Aufenthalt draußen abhalten, verlangen aber entsprechende Kleidung. Doch auch die Sonne kann für die Kinder zur Gefahr werden – und es gilt: Maß halten! Empfindliche Kinder sind besser zu schützen: Mütze, Kopftuch, Pullover, Regenkleidung, in den Schatten gehen usw.

Erzieherinnen sollten auf keinen Fall während des Freispiels draußen ihre Gedanken und Interessen einem ausgiebigen Gespräch untereinander oder Erwachsenen zuwenden. Ihre Aufmerksamkeit muß den Kindern gelten! Für die Kinder ist es eine Freude, wenn sie die Erzieherin mit in ihr Spiel hineinziehen können. Die Erzieherin sollte sich aber nicht in das Spiel der Kinder hineindrängen, wenn's ohne sie schon gut „läuft". Dabei muß sie auch die am Spiel nicht beteiligten Kinder mit deren Tun im Bewußtsein haben (hören, fühlen, spüren, sehen), wissen, wo sie gerade sind und was sie tun.

Draußen ist es noch wichtiger als im Gruppenraum, daß zwei Erwachsene den Kindern zur Verfügung stehen. Ich halte es für verantwortungslos und bequem, wenn die Kinder nicht nur in seltenen und begründeten Ausnahmesituationen draußen der Aufsicht (und dann ist es nämlich nur „Aufsicht"!) einer Erzieherin allein unterstellt werden – womöglich noch zwei Gruppen zusammen! Für Arbeiten, für die auf diese Weise Zeit gewonnen werden soll, muß Vorbereitungszeit angesetzt werden. Das ist eine Frage der allgemeinen Arbeitszeitregelung – eine Aufgabe für Berufsverbände.

Das Freispiel draußen bietet den Kindern – im Gegensatz zum Raum – vor allem für die größeren Körperbewegungen viele Möglichkeiten. Zu deren Differenzierung und Übung bedarf es der Anregungen von seiten der Erzieherin und der Kinder untereinander. Aber es muß auch ein Stück Begegnung mit Natur – kultivierter Natur bei uns – vermitteln, erlebbar machen. Die meisten Kinder wachsen in Mietwohnungen ohne Garten, Feld und Wiese oder Wald auf. In den Häuserwüsten ist es besonders schwer, die Beziehung zu Pflanzen und Tieren und zu den Witterungsverhältnissen, die sie und uns beeinflussen, zu wecken und zu entfalten. Wie viele Sinneseindrücke, die sich mit Gefühlen und Bildern verbinden (das Gemüt bilden), bietet eine lebendige Umgebung: Düfte von Erde, von Frühlingsblumen, von Sommerhitze, von herannahendem Schnee; Vogelstimmen, Grillenzirpen, Bienengesumm, Heuschreckenmusik; Käfer krabbeln, fliegen, fressen, paaren sich; Vögel hüpfen, fliegen, brüten; Bienen sammeln Pollen und trinken Nektar; Schnekken rutschen langsam dahin und ziehen bei leisester Berührung ihre Fühler ein und, und, und.

Neben der Möglichkeit, mit Freude seinen Körper ganzheitlich zu bewegen, finden manche Kinder auch zu der spürenden, hingebenden Bewegung Zugang: Wenn sie zum Beispiel gedankenverloren Sand durch die Finger rieseln lassen, dem Vogelgesang nachhören, den Wellen im Wasser nach-sehen. – Wir kennen noch nicht (oder nicht mehr?) die Wirkung dieser Eindrücke von draußen, die die Kinder aufnehmen, und der eigenen körperlichen Bewegungen der Kinder draußen. Aber sie sind *sicher wichtig* für die Aufgeschlossenheit des Kindes für seine soziale, biologische und physikalische Umgebung und die gemütsreiche Entfaltung der kindlichen Persönlichkeit[17].

Das soziale Verhalten der Kinder untereinander und die Beziehungen zur Erzieherin werden im Tun erfahren und beantwortet. So lernt sich das Kind auch hierbei selbst kennen (erfährt sich selbst). Deshalb sollte das Spiel draußen Gelände- und Materialangebote für die Kinder ebenso beinhalten wie die Zuwendung und das Mittun der Erzieherin, das Erlebnis der Gemeinschaft wie das Kennenlernen und Übenkönnen neuer Betätigungsmöglichkeiten – dem Kinde jeweils neu. Freude und Interesse der Erzieherin werden sich auf die Kinder übertragen.

---

[17] J. Schlemmer (Hrsg.): Die Verachtung des Gemüts, 1974.

Angeleitete Beschäftigungen im Freien

Auch draußen sind sie angebracht! Zur Belebung des Freispiels, weil sie Anregungen zum Selber-tun geben; zum Gemeinschaftserleben, weil der Mensch sich in einer größeren Gruppe anders erfährt als in einer Kleingruppe oder auf sich allein gestellt; und zur Begegnung mit der Umwelt, die draußen wesentlich andere Erfahrungen vermittelt als der Gruppenraum.

Mögliche angeleitete Beschäftigungen können draußen sein: Kreis- und Bewegungsspiele, Pflanzen- und Tierbeobachtung, Tierpflege, Beetbepflanzen und -pflegen, Erzählen, Rollenspiele, Gartenarbeit, Wetterbeobachtung, Experimentieren (zum Beispiel: Löwenzahnstiele aufschlitzen und in kaltes Wasser legen), Wiesenblumenkränze winden, Gesellschaftsspiele u. a. m. Manche Tätigkeiten lassen sich dann nach draußen verlegen, wenn für eine kleine Gruppe Tisch und Stühle aufgestellt werden können.

Vielleicht brauchen Kinder heutzutage auch Anleitung dafür, welche Spiele sich mit Naturmaterialien anstellen lassen?!

Fürs Freie nicht geeignetes Material:

● Material, das leicht vom Wind erfaßt wird (zum Beispiel: Papier, Ausnahme: Schiffchenfalten)
● Material, das leicht verloren geht oder im Gruppenraum besser zu handhaben ist (zum Beispiel: kleine Dinge wie Muggelsteine, Perlen, Stecker usw.)
● der Bauwagen, mit dem normalerweise im Gruppenraum gespielt wird – für draußen sind extra Holzbausteine und Autos notwendig (Sand und Witterungseinflüsse zerstören rasch) – man kann es auch mit „natürlichem" Baumaterial versuchen: Zweige,

Lehm, oder mit Holzabschnitten vom Schreiner, alten Ton-Blumentöpfen u. a. m.

Zu den angeleiteten Beschäftigungen draußen können die *Spaziergänge* gezählt werden. Sie sollten ein Ziel haben, das den Kindern die Möglichkeit zum Spielen und Laufen oder Betrachten gibt, wenn der Gang länger als 30 Minuten dauert. Überhaupt sollten angeleitete Beschäftigungen in der Regel zwischen 15 und 30 Minuten lang dauern. Etwas anderes ist es, wenn die Kinder von sich aus weiter machen möchten. Dabei muß man zu unterscheiden verstehen, ob es tatsächlich die Kinder selber sind, die weitermachen möchten oder ob die Kinder nur dem eigenen Wunsch der Erzieherin entsprechen wollen.

Draußen wie drinnen müssen die Kinder die Möglichkeit haben, sich auszuruhen, beobachtend an einem Geschehen teilzunehmen und auch für sich zu „träumen“, bei sich „einzukehren“, von den vielen Eindrücken ihrer Umgebung „abzuschalten“.

Wie bei allen pädagogischen und durch Beziehungen beeinflußten Tun werden die Kinder auch draußen *die* Tätigkeiten bevorzugen, die der Erzieherin selbst Freude bereiten und zu denen sie deshalb spontan eine positive Einstellung zeigt. Die Erzieherin kann den Kindern nur zu *den* Dingen ihrer Umwelt und zu *dem* Tun eine lebendige Beziehung vermitteln, die ihr selbst von Bedeutung sind und zu denen *sie* Zugang hat. Das heißt nicht, daß sie selbst dazu begabt sein muß. Es ist eine innere Offenheit und Liebe – verbunden mit Aufmerksamkeit, die Zusammenhänge erkennt – nötig, aus der sich dann die Wege der Vermittlung ergeben. Das kann Malen, Musik, Tanz, Technik, Sprache, Architektur, Naturliebe, Handarbeiten, darstellendes

Spiel, Kochen und Backen, Tierhaltung, Rhythmik und Gymnastik u. v. m. sein.

▶ Es geht nicht darum, schon einsatzbereiten Erzieherinnen noch mehr Arbeit zuzumuten, sondern darum, daß sie ihre Arbeit in ihrer Bedeutung und Tragweite für die Entwicklung der Kinder sehen lernen und von daher auch den Mut finden, ihre Arbeit *bewußter* – nicht organisierter – zu *vertreten* und zu *gestalten,* soweit es in ihrer Kraft liegt.

 Beobachtung – ein wesentlicher Bestandteil der Methode Freispiel

Alles Tun oder Nichttun des Erziehers und des Kindes selbst hat Wirkungen und Rückwirkungen auf das Kind ebenso wie auf den Erzieher: auf Körper, Gemüt, geistiges Erfassen, auf Fähigkeiten und Selbsterfahrung, auf die Beziehungen der Kinder und Erzieher untereinander, auf die Einzelbeziehungen und auf die Gruppenbeziehungen. Deshalb muß der Erzieher möglichst genau wissen, weshalb er den Kindern etwas abverlangt oder „durchgehen" läßt, aus welchen Gründen er den Kindern etwas zeigt oder verhindert, daß sie es durch ihn kennenlernen.

Der Erzieher darf die Kinder also nicht nur beschäftigen, mit ihnen spielen und feiern, sondern er muß versuchen, sich seiner Wirkungen auf die einzelnen Kinder und auf die Gruppe bewußt zu werden. Voraussetzung zur Kenntnis dieser Zusammenhänge ist, daß sich die Erzieherin nicht nur überlegt, welche Ziele sie auf welche Weise verfolgen möchte, sondern auch, daß sie die Kinder ihrer Gruppe und das Gruppengeschehen selbst beobachtet. Sie lernt dadurch einerseits den aktuellen Entwicklungsstand, die Probleme, Bedürfnisse und Interessen der einzelnen Kinder besser zu erfassen und andererseits die Zusammenhänge, die zwischen ihrem Verhalten und dem Verhalten der Kinder bestehen, zu sehen. Auf dieser Grundlage kann sie entweder den Kindern entsprechende Möglichkeiten zu Aktivitäten anbieten oder ihr eigenes Verhalten korrigieren. Während des Freispiels handeln die Kinder spontan und sind deshalb in dieser Zeit leichter und besser kennenzulernen als bei angeleiteten Beschäftigungen. Bei angeleiteten Beschäftigungen können speziellere Schwierigkeiten deutlicher hervortreten, die die Kinder während des Freispiels überspielen können.

Das Beobachten im Kindergarten sollte zeitweise gelegentlich und zeitweise systematisch erfolgen, das heißt, von einer allgemeinen Aufmerksamkeit auf das Befinden und Verhalten der Kinder sollte es immer wieder einmal zu einer Beobachtung unter bestimmten Fragestellungen kommen. Die Fragen lassen sich in der ersten Beobachtungsform finden und drängen sich manchmal geradezu auf.

► Die Beobachtungsnotizen der Erzieherin sind nur für den eigenen Gebrauch bestimmt, aber nicht zur Weitergabe oder Einsichtnahme anderer Personen, wie zum Beispiel Elternbeirat, Jugendamt oder Rechtsträger – es sei denn, die betroffenen Eltern kennen den Inhalt und haben schriftlich eingewilligt. Die Notizen sollten bei Stellenwechsel sofort, spätestens aber zwei Jahre nach dem Ausscheiden des Kindes aus dem Kindergarten vernichtet werden, damit einem Mißbrauch vorgebeugt wird.

Für die Erzieherin ist die mitschreibende Beobachtung wahrscheinlich nur während des Freispiels und höchstens für 10 bis 15 Minuten möglich. Sie muß sich ja für diese Zeit aus dem Gruppengeschehen herausnehmen. Dadurch kann sie leicht den Kontakt zur Gruppe verlieren.

▶ *Wie gehe ich beim Beobachten vor?*

Ich gebe mir eine Zielsetzung, eine Frage, aufgrund derer ich beobachte. Fallen mir andere Dinge auf, beziehungsweise tauchen während des Beobachtens neue Fragen auf, die mir wichtiger erscheinen, so muß ich mich entscheiden, ob ich der neuen Fragestellung nachgehen will. Diese Entscheidung muß im Beobachtungstext gekennzeichnet sein. Die neue Fragestellung ist zu formulieren. Eine Beobachtung ohne Ziel verliert sich in der Vielgestaltigkeit des Geschehens und erbringt dann keine Aussage.

▶ *Warum beobachte ich?*

● um die Kinder in ihrem So-sein besser zu verstehen und auf sie eingehen zu können, ihr Verhalten und Erleben kennenzulernen;

● um Schwierigkeiten im Verhalten oder im kognitiven Bereich einzelner Kinder zu erkennen und entsprechende Hilfen anbieten zu können;

● um das Gruppengeschehen reibungsloser zu gestalten, beziehungsweise von der persönlichkeitszentrierten Führung der Erzieherin unabhängiger werden zu lassen;

● um Streit als Entwicklungsanstoß für die Kinder fruchtbar machen zu können;

● um Eltern bei ihren Schwierigkeiten mit dem Kind beraten zu können;

● um eigenes Verhalten als Erzieherin in seinen Auswirkungen kennenzulernen und zu durchschauen und von daher eine freiere Haltung gegenüber dem Verhalten der Kinder zu gewinnen;

● um eine Praktikantin aus pädagogischer Sicht zu beurteilen;

● um den Entwicklungsverlauf eines Kindes festzuhalten;

- um über Entwicklungsstörungen Sicherheit zu erlangen als Voraussetzung für Förderungsmaßnahmen;
- um herauszufinden, zu welchen Kindern ich als Erzieherin häufig positiven/negativen Kontakt aufnehme, welche Kinder oft meiner Aufmerksamkeit entgehen;
- um Fragestellungen für die Beobachtung zu finden u. a. m.

▶ *Daraus ergibt sich:*
- Wann beobachte ich die Kinder? – im Freispiel, bei angeleiteten Beschäftigungen, beim Spielen draußen, beim Essen, verschiedene Kinder beim Umgang mit demselben Material usw.
- Kann es teilnehmende Beobachtung sein, das heißt, bin ich selbst als Erzieherin aktiv am Geschehen beteiligt und beobachte zugleich – oder muß es außenstehende Beobachtung sein, das heißt, eine Helferin, Praktikantin oder ein Elternteil beobachtet und notiert, während ich als Erzieherin aktiv mit den Kindern bin?
- Wie häufig und wie lange muß beobachtet werden, damit das Ergebnis aussagekräftig ist? – das hängt von der Zielfrage ab.
- Welche Hilfsmittel sind einsetzbar? – eventuell Tonband, Formblätter (selbst entwickelte), um die Beobachtungseintragungen zu vereinfachen und die Auswertung übersichtlich zu gestalten.
- Welche Angaben muß ich noch wissen, um die Beobachtung im Gesamtgeschehen richtig beurteilen zu können? – Alter, Entwicklungsstand, Familiensituation, Krankheiten, soziale Rolle in der Gruppe usw.
- Sind vergleichende Beobachtungen notwendig?[18]

---

[18] Weitere Gesichtspunkte vgl. B. Irskens u. a.: Auffällige Kinder, 1978.

Beobachtung während des Freispiels

1. Welche Beobachtungsart wähle ich?:

● zurückgezogene Beobachtung – gleich notierend
  – Vorteil: man kann mehr und genauer festhalten.

● nachgeholte Beobachtung – teilnehmend und nach der Situation notiert
  – Vorteil: man kann am Geschehen teilnehmen.

2. Wen und was beobachte ich?:

● Das Verhalten bestimmter Kinder während des Freispiels.

● Das Spielgeschehen der gesamten Gruppe – ist meist eine Überforderung.

● Mein Verhalten während des Freispiels – nur im Nachhinein möglich.

● Den Umgang der Kinder mit einem bestimmten Material u. a. m.

● Welche Tätigkeiten die Kinder während des Freispiels bevorzugen – mit Alters- und Jahreszeitangabe.

● Den Fortgang eines Spiels – wie es sich entwickkelt.

● Welche Kinder sich aneinanderschließen, welche Einzelgänger sind oder abgelehnt werden – weshalb?

3. Auf die Frage, welches Material ein Kind benötigt, könnte die Beobachtung während des Freispiels Antwort geben:

● Spielt dasselbe Kind immer mit derselben Art von Material?

- Spielt ein Kind mit keiner Sache länger als 3 Minuten?
- Womit kann sich ein unruhiges Kind verweilen?
- Ist das Kind sicher in seinen Bewegungen?
- Findet ein Kind leicht/schwer Spielkameraden? (warum – eigene Einstellung zu diesem Kind?)
- Lehnt ein Kind bestimmtes Material ab – weshalb?
- Spielt das Kind seinem Alter entsprechend?
- Nimmt ein Kind nur Material an, das es schon beherrscht?
- Neigt ein Kind dazu, sich mit seinen Aufgabenstellungen zu überfordern oder zu unterfordern?

Auswirkungen der Beobachtung für das Freispiel

Direkte Auswirkung: Man lernt, nicht immer sofort in Situationen einzugreifen, und erfährt dadurch, daß die Kinder einen Teil ihrer Konflikte auch alleine lösen können, beziehungsweise welche Konfliktlösungsmöglichkeiten man den Kindern anbieten sollte.

Manche Erzieherin dürfte erfahren, daß die Kinder wesentlich ruhiger und konzentrierter spielen, wenn sie selbst nicht ständig unterwegs ist, sondern sich mit der Beobachtung oder mit einem Kind oder einer kleinen Gruppe beschäftigt, ohne die übrigen Kinder zu vergessen.

Situationen werden leichter überschaut, die einem sonst oft entgehen. Es lassen sich dadurch Vorüberlegungen für pädagogisches Handeln treffen.

 Zum Beispiel: Ich könnte ja mal wieder ein bestimmtes Buch mit bestimmten Kindern anschauen; oder: Der Ulli ist ja gar nicht der Störenfried, sondern er wehrt sich nur, wenn die anderen ihn stören. Also muß ich den anderen sagen, daß sie sich nicht zu wundern brauchen, wenn der Ulli sich wehrt – und den Ulli vielleicht auf entsprechendere Weisen der Verteidigung hinweisen, nur nicht darauf, daß er in solchem Falle zu „mir" zu kommen habe!

Wenn die Beobachtung während des Freispiels nicht möglich ist, so sollte sich die Erzieherin fragen, ob die Kinder zu sehr von ihr abhängig sind. Es kann aber auch sein, daß eine Zusammenballung schwieriger Kinder vorliegt oder daß die Kinder noch zu kurz in der Gruppe sind.

Indirekte Auswirkung: Folgende Fragen finden ihren Anstoß oder ihre Beantwortung:

- Stimmen die Aussagen der Beobachtung (über mindestens 4 Wochen regelmäßig geführt, es reichen dazu täglich 10 Minuten) mit meiner theoretischen Einstellung überein?
- Wo ergeben sich Unstimmigkeiten – warum?
- Welche Schwierigkeiten tauchten während des Freispiels auf – wodurch bedingt?
- Welchen Führungsstil lassen die Beobachtungen erkennen? (am besten Beispiele festhalten)
- Ist der Führungsstil schwankend – warum?
- Was hat sich methodisch als gut, was als nicht so gut erwiesen und sollte deshalb wie ausprobiert werden?

Eine Hilfe unter anderen Möglichkeiten, sich seiner Beziehungen zu einzelnen Kindern bewußt zu werden, ist das Schreiben der Namensliste aus dem Gedächtnis. Dabei kann man beobachten, welche Kinder einem im

Bewußtsein sind – die sympathischen, die lauten oder aggressiven – und welche man beinahe vergißt – die stillen, die unsympathischen. Diese gedankliche Auseinandersetzung kann dann dazu führen, daß man sich den Kindern, die bisher zu kurz gekommen sind, mit mehr Aufmerksamkeit zuwendet. So wird durch die Beobachtung das Verständnis für diese Kinder wachsen und vielleicht auch eine positivere Einstellung zu ihnen gefunden – was sich beim nächsten Niederschreiben der Namensliste durch Verschiebung der Position der Namen kundtun wird. Dahinter steht die Frage: Weshalb entgingen diese Kinder bisher meiner Aufmerksamkeit?

14 Überblick über die im Kindergarten angewandten Methoden

Im folgenden sei eine Übersicht der Kindergarten-Methoden versucht:

1. Methoden im Umgang mit den Kindern:

1.1 allgemeine Methodik = die Art, wie die Erzieherin auf die Bedürfnisse der einzelnen Kinder und der ganzen Gruppe eingeht durch:
- Gestalten der Umwelt nach pädagogischen Gesichtspunkten:
  - Raumstrukturierung durch Einteilung in Tätigkeitsbereiche, Einbeziehen von Nebenräumen
  - die Art, wie das Spiel- und Beschäftigungsmaterial angeboten wird: in offenen oder geschlossenen Regalen; frei zugänglich für die Kinder oder nur unter bestimmten Bedingungen/Voraussetzungen
  - die Auswahl des Spiel- und Beschäftigungsmaterial-Angebotes

- das Verhalten der Erzieherin:
  - Führungsstil und emotionales Klima
  - Beeinflussung des Gruppenprozesses
  - zeitliche Strukturierung des Tages- und Jahresablaufs
  - Lenkung des Freispiels
  - Umgang mit der Sprache
  - wie dem kindlichen Bewegungsbedürfnis Raum gegeben wird

– Einbeziehung (oder Nicht-Einbeziehung!) der Eltern in die pädagogische Arbeit des Kindergartens

1.2 spezifische Methodik = angeleitete Beschäftigungen und Unterweisungen, das Wie, *wie* zum Beispiel:
● Neulinge in die Kindergruppe eingeführt werden;
● Märchen und Geschichten erzählt werden;
● Bilderbücher und Bilder betrachtet werden;
● Kasperlespiele vorgespielt und nachgespielt werden;
● Spaziergänge, Ausflüge, Besichtigungen unternommen werden;
● Feste gefeiert werden;
● Rhythmik und Gymnastik durchgeführt werden;
● Bewegungsspiele, Sing-, Kreis- und Tanzspiele gespielt werden;
● das Zuknöpfen, Schleifen-binden, Saft-einschenken usw. gezeigt wird;
● neues Spiel- und Beschäftigungsmaterial eingeführt wird;
● gesungen und musiziert wird;
● mit den Kindern zusammen Blumen und Tiere beobachtet und gepflegt werden;
● Kuchen gebacken, Pudding gekocht, Puppenwäsche gewaschen, Frühstückstisch gedeckt wird;
● ein Arbeitsplatz für eine bestimmte Tätigkeit vorbereitet und danach wieder aufgeräumt wird;
● Konflikte miteinander ausgetragen werden;
● Verständnis für Kinder gefunden wird, deren Verhalten befremdet u. a. m.

2. Methoden der Vorbereitung und Reflexion:

Die vorgenannten Methoden der direkten Arbeit mit dem Kind sollten durch Methoden, die Beobachtung und Rückbesinnung erleichtern, ergänzt werden. Diese sind Voraussetzung für ein bewußteres pädagogisches Arbeiten, das heißt, sie dienen zugleich auch der Vorbereitung[19].

● Selbsteinschätzung der Erzieherin
● Förderkartei
● selbstentwickelte Beobachtungsbögen

---

[19] Vgl. Vorschläge hierzu im Anhang.

- Soziogramm[20]
- Tagesprotokoll
- Tages- oder Wochenplan
- Planung von Festen und jahreszeitlich bedingten Vorhaben
- Schema zur Vorbereitung angeleiteter Beschäftigungen
- Beschäftigungskartei
- Spielkartei

Spiel- und Beschäftigungskarteien dienen der Erleichterung der Vorbereitung. Sie haben nur dann Sinn, wenn sie von der einzelnen Erzieherin selbst erarbeitet, das heißt ihr eigenes Material sind. Fertige Karteien können nur Anregung geben – mit der eigenen kann man arbeiten[21].

▶ Die Methoden der Vorbereitung und der Rückbesinnung lassen sich nicht immer eindeutig voneinander trennen, weil sie wechselseitig aufeinander bezogen sind. Sie sind sicher noch nicht weit verbreitet und können auch dort, wo sie bereits bekannt sind, nur zeitweilig angewandt werden. Sie setzen eine weit größere Arbeitsstundenzahl für den indirekten Dienst am Kind voraus als die bisher üblichen 7,5 Wochenstunden, wenn überhaupt schon Vorbereitungszeit gewährt wird.

---

[20] G. Hundertmarck: Soziale Erziehung im Kindergarten, ⁹1978.
[21] Im Anhang befindet sich je ein Vorschlag, *wie* man sich solch eine Kartei selbst anlegen kann.

15 Rhythmus im Kindergarten

Da ist zunächst der Wechsel zwischen Familie und Kindergarten. Wenn die Kinder mit etwa 3,5 Jahren das Bedürfnis haben, mit Gleichaltrigen zu spielen und für die Anregungen des Kindergartens aufgeschlossen sind, so übernimmt der Kindergarten Funktionen, die die Familie in gleichem Maße nicht erfüllen kann. Jedoch ist das Kind in diesem Alter noch wesentlich auf die Geborgenheit in der Familie angewiesen, und – so schön es im Kindergarten sein mag – dauert der Aufenthalt dort über 4 Stunden täglich, so ist das richtige Verhältnis der Zeit, die das Kind in der Familie und die es in der Einrichtung verbringt, gestört (worauf schon Fröbel hinwies). Der Wunsch, zu Hause zu sein, hindert das Kind daran, sich den Möglichkeiten des Kindergartens hinzugeben.

Zum Beispiel ließ eine Mutter, die diese Situation bei ihrem Sohn bemerkte, ihn 14 Tage zu Hause, und dann kam das Kind wieder gerne in den Kindergarten. Der regelmäßige Besuch des Kindergartens ist wichtig, und auch, daß das Kind zeitig genug gebracht wird, damit es mindestens eine Stunde lang am Freispiel teilnehmen kann. Der Vormittagsbesuch des Kindergartens ist für ein Kind dann ausreichend, wenn das Kind am Nachmittag in der Familie oder Nachbarschaft Bezugspersonen findet, die sich mit ihm beschäftigen.

Die tägliche Gewohnheit, in den Kindergarten zu gehen und dann wieder zu Hause zu sein, schafft in den Lebensrhythmus eine Ordnung hinein.

Ein anderer Rhythmus, der sich innerhalb des Kindergartens abspielt, ist der Wechsel von Freispiel und angeleiteten Beschäftigungen. Das Freispiel wird genährt von den Angeboten und den Erlebnissen, die die Kinder während der angeleiteten Beschäftigungen erfahren, und umgekehrt können aus den Freispielinitiativen angeleitete Beschäftigungen erwachsen.

Jeder Tag hat seinen Ablauf, und in der Wiederkehr dieses Ablaufs entsteht ein Rhythmus, der den Alltag vom Festtag unterscheidet. Auch kleine Höhepunkte, wie eine Geburtstagsfeier, Fest des ersten Schneeglöckchens u. ä. bereichern die Erlebnisse der Kinder. Jagt nicht ein Höhepunkt den anderen, so daß der Unterschied zwischen Fest und Alltag erlebbar bleibt, entsteht auch auf diese Weise ein Rhythmus, der hilft, das Erlebte verarbeiten zu können und die Erinnerungen zu gestalten im Erzählen, in Spielen, durchs Malen.

Von außen bietet sich zur rhythmischen Zeitgestaltung der Jahresfestkreis an. Die Vorbereitungen, die einem Fest schon den Vorgeschmack der Freude geben, bis das Fest selbst als Höhepunkt erlebt wird, steigern das Rhythmus-Erleben. Gerade in der Vorbereitungszeit können festbezogene Lieder, Spiele und Basteltätigkeiten immer wieder wiederholt und so zum inneren Besitz der Kinder werden. Dann wird solch ein Fest nicht nur in äußerer Aktivität verlaufen, sondern den Kindern auch einen inneren Reichtum vermitteln, sie *bilden*.

Wie schon angedeutet, können auch die Jahreszeiten in ihrem wiederkehrenden Rhythmus miterlebt und zu kleinen Festen, Höhepunkten im Alltag, Anlaß werden. Kein erster Schnee sollte vor den Fenstern fallen, ohne daß die Kinder hinaus dürften und mit dem Schnee spielen. Das Vögel-Füttern und -Beobachten gehört zu den Winterfreuden. Dann die ersten Blumen! Schön wäre es, wenn Blumen auf dem eigenen Gelände des Kindergartens wachsen.

Kleine Anlässe wie zum Beispiel die Puppenwäsche können auch zu einem „Fest" werden.

Im Zeitalter unserer Betriebsamkeit ist es jedoch nötig, darauf hinzuweisen, daß der Alltag ebenfalls erlebt sein will, die stille Wiederkehr des Gewohnten, das gerade durch seine Häufigkeit und Unbewußtheit wirksam ist. Nicht wie wir die Feste gestalten, prägt das Kind, sondern die Zeit, in der nichts besonderes passiert, in der wir uns geben, wie wir im Augenblick gerade sind, die fast langweilig sein kann – diese Zeiten prägen unsere Beziehungen zu den Kindern. Gerade das Stille, Leise, das tägliche Gruppenklima ist's, mit dem wir die Kinder führen – um sie dann auch bei den Höhepunkten lenken zu können, ohne daß ein wildes Durcheinander entsteht.

Kinder sind leicht abzulenken, aus dem Geleise zu bringen, durch ungewohnte Veränderungen. Sie brauchen zu ihrer inneren Sicherheit die Gewißheit: Heute ist zuerst Freispiel, dann kann ich frühstücken, und dann machen wir etwas zusammen mit Frau X, danach gehen wir in den Spielhof, und anschließend werde ich abgeholt. Erst auf dem Hintergrund des erlebbaren Alltags erhalten die Höhepunkte ihren bereichernden

Erlebniswert. Muß das Kind von einem Höhepunkt zum anderen eilen, fehlt die dazwischen nötige Erholungspause durch das Bekannte des Alltags, so macht sie die Betriebsamkeit hektisch, nervös, und sie sind nicht mehr zu bändigen.

Der Rhythmus bringt also Lebendigkeit in die Kindergartenarbeit. Er muß in vielfacher Hinsicht berücksichtigt werden, und es ist nicht nur ein einfaches Hin und Her, sondern die Zeiten sind schwerpunktmäßig verschieden. Das Kind ist den größten Teil des Tages zu Hause, wenn es ideal zugeht und es nur 4 Stunden den Kindergarten besucht. Das Freispiel nimmt den größeren Zeitraum ein im Verhältnis zu angeleiteten Beschäftigungen; der Alltag ist das Gewohnte, die Feste sind die Höhepunkte, die das Gewohnte strukturieren. Das Rhythmische ist Ausdruck des Lebens selbst.

►Über angeleitete Beschäftigungen und das Feste feiern[22] gibt es Bücher. Die Gestaltung des alltäglichen Freispiels ist viel schwerer in das Bewußtsein zu heben, aber es ist in seiner pädagogischen Wirkung – eben weil alltäglich – viel tiefreichender. In der Praxis müssen Höhepunkte und Alltägliches miteinander abwechseln und so einander ergänzen. Es darf also keine Seite auf Kosten der anderen überbewertet werden.

---

[22] Rolf Krenzer, Wir feiern heute Sommerfest (Reihe: Praxismaterial Kindergarten), 1987.
Barbara Cratzius, Frühling ..., Sommer ..., Herbst ..., Winter im Kindergarten, 1988/89.

16 Die Arbeit nach und mit Plan

Zunächst ist festzuhalten, daß es zwei gängige Arten von Plänen gibt:

- den *Rahmenplan*, der Ziele ausweist und der Beispiele zu Inhalten und Methoden gibt;
- den *Ausführungsplan* oder Arbeitsplan als Tages- oder Wochenplan, den jede Erzieherin selbständig für ihre Gruppe, entsprechend den gegebenen Umständen, den aktuellen Anlässen und der jeweiligen Situation, zusammenstellen muß.

Der *Rahmenplan* sollte der Erzieherin als Anhaltspunkt und zur Anregung dienen. Er ist weder ein einzuhaltender Stoffplan, noch ist er ein methodisches Rezeptbuch, an das man sich nur zu halten habe, damit „alles richtig läuft". Das Arbeiten mit einem Rahmenplan setzt eine aktive Auseinandersetzung mit ihm vonseiten der Erzieherin voraus. Die mangelnde Vorbereitungszeit und die anstrengende Arbeit mit den Kindern hindert oft auch interessierte Pädagogen daran, sich dieser Mühe zu unterziehen.

Der Rahmenplan kann als Übersicht angesehen werden, der die Erzieherin daran erinnert, welche Gebiete der menschlichen Entwicklung zu fördern sind. Wichtig ist, daß im Rahmenplan deutlich ausgeführt wird, daß alle Bereiche einander durchdringen und keiner isoliert gesehen werden darf. Die Abwechslung, die den Kindern geboten wird, sollte nicht auf Kosten des Verweilens und Vertiefens von Eindrücken, Erlebnissen und Tätigkeiten gehen! Eine Erzieherin, die ihre Kinder beobachtet, findet im Laufe der Zeit heraus, wann und wer Anregung, Pause oder Wiederholung braucht.

Der Rahmenplan muß immer in die praktische Arbeit übertragen werden. Dies kann durch einige Überlegungen für den nächsten Tag in gedanklicher oder schriftlicher Form oder in einer schriftlichen Wochenplanung geschehen. Dieser *Ausführungsplan* oder Arbeitsplan dient dem klareren Durchdenken und damit der besseren Vorbereitung der Erziehungsarbeit. Die Erzieherin verschafft sich durch ihn einen Überblick über das, was sie tun und erreichen möchte. Er ist ein Arbeitskonzept, das sie einhalten *kann.* Sie kann ihn aber auch gemäß den jeweiligen Erfordernissen der konkreten Situation abändern oder sogar Abstand davon nehmen. Der Tages- oder Wochenplan ist *nicht* dazu gemacht, damit er unbedingt eingehalten wird! Vielmehr gibt er der Erzieherin die Sicherheit des Vorbereitetseins. Diese wiederum ermöglicht ihr die Freiheit, spontan umzudisponieren. Deshalb gehört dieser Plan nicht in den Aushang. Die Eltern neigen dann dazu, die angegebenen Tätigkeiten einzufordern.

Der Ausführungsplan sollte nicht nur die angeleiteten Beschäftigungen (die Vorhaben der Erzieherin) beinhalten, sondern auch die Darstellung ihrer allgemeineren Ziele und deren konkrete Verwirklichung im Freispiel: durch ihr eigenes Verhalten, durch das Arrangement der Spiel- und Betätigungsmöglichkeiten, durch Material- und Beschäftigungs*angebote,* durch die Raumgestaltung und durch die Elternarbeit.

Ergänzt wird diese Tages- oder Wochenplanung durch einen *Tagesrückblick.* Man kann sich einen Tagesplanvordruck[23] herstellen, der diesen Rückblick gleich mit einschließt. Man kann auch nur den Rückblick durchführen. Er sollte eine kurze Tagesbeschreibung enthalten und die positiven wie negativen Höhepunkte. Sinnvoll wird der Rückblick dann, wenn sich die Erzieherin vermerkt, *warum* etwas besonders gut bei den Kindern ankam oder warum nicht; warum eine Beschäftigung nicht ankam oder ein Konflikt nicht zu lösen war und *wie* sie es bei ähnlicher Situation anders machen könnte, vielleicht besser?

In der Praxis hat sich erwiesen, daß es nicht möglich ist, jeden Praxistag in dieser Ausführlichkeit vorzubereiten und nachzuarbeiten. Einmal läßt dies die derzeitige Stundenverteilung auf direkten und indirekten Dienst am Kind nicht zu – im Verhältnis ist die Vorbereitungszeit zu kurz –, und zum anderen besteht immer die Gefahr, daß sich die Erzieherin selbst verpflichtet fühlt, ihren Plan einzuhalten. Gerade die besten Erzieherinnen, mit denen ich zusammenarbeiten konnte, entwickelten Minderwertigkeitsgefühle, wenn sie nicht häufig genug zu dieser Vor- und Nacharbeit kamen. Auch wenn nicht jeder Tag so intensiv vor- und nachgearbeitet wird, so wirkt sich dies doch positiv auf die nicht vorbereiteten Tage aus, da das schriftliche

---

[23] Vgl. im Anhang, S. 112.

Durchdenken eine Übung ist; nur sollte diese Vor- und Nacharbeit immer wieder in nicht zu großen Zeitabständen durchgeführt werden.

Die Forderung, nach einem Rahmenplan und einem Arbeitsplan im Kindergarten zu arbeiten, entspricht der Annahme, daß die Erzieherin, die sich an Pläne hält, „systematischer" und damit effektiver die Kinder fördern könne als ohne Pläne. Wie oben gezeigt wurde, wirkt sich der Plan einengend aus, wenn zu seinen Gunsten – sei er Arbeitsplan oder Rahmenplan – spontane Bedürfnisse, Interessen oder Anregungen seitens der Kinder oder der Erzieherin zurückgedrängt werden. Damit geht zuviel an Lebendigkeit und Freude verloren. Das Verpflichtetsein auf den Plan setzt sich durch, und er gewinnt zu Unrecht die Bedeutung eines Rezeptes, das – wenn eingehalten – den Erfolg garantiert.

Das Arbeiten nach vorgefertigten (eigenen oder von anderen) Arbeitsplänen garantiert ein Programm und zwingt scheinbar die Erzieherin dazu, ihr Angebot reichhaltig zu gestalten. Dabei wird übersehen, daß ein lustlos durchgeführtes Programm genauso Gefahren für die Entwicklung der Kinder haben kann wie die Pädagogik einer Erzieherin, die die Kinder allzusehr sich selbst überläßt. Wesentlich ist das *Engagement* einer Erzieherin – und für eine engagierte Erzieherin ist ein vorgefertigter Plan *dann* ein Hindernis, wenn er eingehalten werden *muß*. Das Planen kann nur *ein Weg* sein, der der Erzieherin hilft, die Erfahrungen ihrer täglichen Praxis zeitweise so zu reflektieren, daß sie daraus ihre Arbeit immer wieder neu bewußt und intensiv zu gestalten vermag.

▶ Beide Pläne, der Rahmenplan wie der Ausführungsplan, dienen also nicht direkt einer Systematisierung der Förderung der Kinder. Sie sollten beide als Grundlage zur Gestaltung des Angebots von der Erzieherin herangezogen werden. Die Erzieherin kann auf den Arbeitsplan zurückgreifen, wenn sich *spontan keine* wichtigeren oder interessanteren Inhalte anbieten.

Ich messe den spontanen Anregungen der Erzieherin und der Kinder mehr Bedeutung für die Förderung der Kinder bei als den von ihr vorausgeplanten – einfach weil erstere mit mehr persönlichem Engagement (sprich Emotionalität) eingebracht werden, und die Kinder sich leicht begeistern lassen. Eine vorbereitete Sache ist dann gut, wenn sie im richtigen Augenblick eingesetzt wird.

Berufsanfänger müssen wesentlich mehr vorbereiten, da es ihnen noch an Erfahrung mangelt. Von der Erzieherin wird ein breites Repertoire an Spielen und Beschäftigungen verlangt[24], die sie spontan einzusetzen vermag. Beide Arten der Pläne können ihr nur helfen, dieses Repertoire zu erweitern und kritisch zu überprüfen. Wenn die Pläne dies leisten, sind sie sinnvoll – weil zum Gewinn für Kinder und Erzieherin – eingesetzt.

Die Anforderung der eigenen Ausgestaltung eines jeden Kindergartentages an die Erzieherin beinhaltet eine pädagogische Freiheit, die die Erzieherinnen im Kindergarten immer noch haben und die sie sich auch nicht nehmen lassen sollten. Zudem kann eine Erzieherin nur dann ihre Kinder zu freien Persönlichkeiten erziehen, wenn sie mit dem eigenen pädagogischen Freiraum kreativ und spontan umzugehen vermag.

---

[24] Vgl. im Anhang, S. 118–121.

1. Tagesprotokoll (Tagesbericht)   Datum:
(Din-A4-Blatt Hochformat)

Uhr	Vormittag	Eintragungen	Hauptziele
	Freispiel		
	Gymnastik Rhythmik Bewegungs- spiele im Freien		
	angeleitete Beschäfti- gungen		
	(beliebig ausfüllen)		
	Nachmittag		
	Freispiel		
	Gymnastik Rhythmik Bewegungs- spiele im Freien		
	angeleitete Beschäfti- gungen		
	(beliebig ausfüllen)		

Zum Tagesprotokoll – Tagesbericht

Das Protokoll ist als Hilfe gedacht, um die Arbeit im nachhinein zu überdenken, wenn man schon nicht zur Planung im vorhinein kommt. Man kann im Protokoll festhalten, was sich an Ereignissen den Tag über ergab, zum Beispiel: einige Kinder haben ausdauernd gebaut; das Puppenspiel von einigen Jungen und Mädchen zusammen verlief gut; zwei Kinder haben gestritten und eine Lösung gefunden usw. Man könnte die Situationen kurz beschreiben und Vorname und Alter der Kinder mit anführen.

In der Spalte *Freispiel* wäre festzuhalten, was sich spontan ergeben hat: die wichtigsten Spielabläufe und Situationen. Die letzte freie Spalte ist zur persönlichen Ergänzung gedacht. Die beiden übrigen Spalten, *Gymnastik* usw. und *angeleitete Beschäftigungen* können dazu benutzt werden – neben dem Festhalten dessen, was getan wurde – auch zu notieren, was pädagogisch, methodisch und/oder organisatorisch besonders gelungen war, um es wieder auf ähnliche Weise zu machen; oder was nicht gelungen war, um es beim nächsten Mal anders zu probieren. Eine große Hilfe bedeutet es, wenn man sich auch die Begründungen, weshalb etwas gelungen oder nicht gelungen war, einträgt, soweit man dahintergekommen ist.

2. Tagesplan (DIN-A4-Blatt quergenommen)   Datum:

Alters-gruppe	Angebote		Ziele		verwirklicht		Notizen
	vormittags	nachmittags	vormittags	nachmittags	vormittags	nachmittags	

Zum Tagesplan

Dieser Tagesplanvordruck ist dafür gedacht, daß die Erzieherin die Namen der Kinder, mit denen sie Beschäftigungen machen wird, die Beschäftigungen selbst und das Ziel, das sie mit diesem Tun verfolgt (das Hauptziel), einträgt. Bei der Benennung der Kinder ist oft eine ungefähre Altersangabe günstig, zum Beispiel: „alle, die in die Schule kommen", „die großen Mädchen", „fünf von den drei- und vierjährigen Kindern", usw.

Der Plan bietet die Möglichkeit, für Vor- und Nachmittag getrennt einzutragen. Drei verschiedene Angebote sind vorgesehen – was nicht heißt, daß jeden Tag drei verschiedene Angebote je Vor- und Nachmittag gegeben werden sollten. Das Blatt kann ruhig freie Spalten aufweisen, damit die Kinder nicht gänzlich verplant werden!

Die Zielangaben beziehen sich jeweils auf das Angebot, wobei bei Wiederholungen des Angebots der Schwerpunkt in der Zielsetzung variieren kann – oder bei verschiedenen Angeboten dasselbe Ziel im Vordergrund stehen kann.

In der Spalte *verwirklicht* kann die Erzieherin *nach* dem Tag eintragen, ob sie die Angebote wie geplant durchführen konnte, was sie beim nächsten Mal anders machen würde und weshalb; oder welche anderen Angebote sie statt der geplanten durchgeführt hat.

Unter *Notizen* kann sie eintragen, welches Material sie sich zurechtlegen muß; ob sie einer Mutter beim Abholen des Kindes etwas mitzuteilen hat; ob die Kinder bestimmtes Material mitbringen sollen; ob sie etwas für den Kindergarten zu besorgen hat u. ä.

Der Gedanke, warum eine Erzieherin in dieser Weise – zumindest von Zeit zu Zeit – die Planung vornehmen sollte, ist folgender: Wenn sie ihre Planung schriftlich festgehalten hat, weiß sie genau, was sie vorhat und fühlt sich deshalb sicher, das heißt vorbereitet – auch wenn sie dann aus der Situation heraus etwas anderes macht. Sie überlegt sich ihr Ziel, wobei nicht immer „Mengen erfassen", „Formen erkennen" oder „Feinmotorik" die Ziele sein müssen, sondern auch einfach: die Freude am Tun, am Klang, an der Farbe, am Miteinandertun. Dies sind ebenfalls legitime Ziele im Kindergarten.

Die Spalte *verwirklicht* hilft, jenachdem, wie sie ausgefüllt wird, die Arbeit zu reflektieren. Man wird auf Schwierigkeiten aufmerksam, die von einem selbst abhängen, zum Beispiel: Zu viele Kinder bei einer Schneide- und Faltbeschäftigung, oder: Die jüngeren Kinder waren überfordert; aber auch positiv: Die neuen Fingerfarben bereiteten große Freude, doch sind Lappen und Wassereimer gleich bereitzustellen.

Wenn sich auf diese Weise im Laufe der Zeit eine Tagesplansammlung ergeben hat, kann die Erzieherin zum Beispiel eine Beschäftigung, die sie vorhat, mit einer schon aufnotierten vergleichen: Gab es beim ersten Mal Dinge, die zu beachten waren? – Sie kann auch ihre Ziele vergleichen: Was ist bei mir häufig ein Ziel, was selten (setzt einen Rahmenplan voraus)? Weiß ich heute noch, was die Formulierung eines Zieles beim Notieren bedeutete? Zugleich hat sie nach einem Jahr einen eigenen Rahmenplan erstellt, den sie nach Bedarf zwar immer wieder abwandeln *muß,* der aber den Vorteil hat, ihren Einstellungen und Fähigkeiten in ihrer pädagogischen Arbeit zu entsprechen.

Der Tagesplan kann auch als Nachweis der gezielten Arbeit gelten. Man muß sich nur immer wieder klar machen, daß diese *gezielte* Arbeit nur einen kleinen Ausschnitt aus der gesamten Kindergartenarbeit darstellt. Das Hauptgeschehen im Kindergarten spielt sich während des Freispiels ab und in dem Bereich, der als *emotionales Klima* bezeichnet werden kann.

Es ist auch wichtig, den Plan nicht zu einem Küchenrezept zu machen, das heißt zugunsten des Planes auf spontane Einfälle der Kinder oder auf eigene spontane Einfälle zu verzichten oder nicht darauf einzugehen. Der Plan soll nur helfen, sich über das *Wie* (die Methode) und das *Warum* (die Ziele) Gedanken zu machen – *vor* dem Tag und *nach* dem Tag!

Beide Papiere, Tagesprotokoll und Tagesplan, müssen in der Anwendung dem persönlichen Stil der einzelnen Erzieherin angepaßt werden. Sie sind in der vorliegenden Form nur Anregung zur Vorbereitung und Reflexion.

3. Wochenplan

Man überlegt sich im vorhinein nicht nur die angeleiteten Beschäftigungen, sondern bezieht auch den eigenen Führungsstil, das Freispiel, die Bewegungsmöglichkeiten, die Raumausstattung und die Elternarbeit mit ein. Dadurch werden auch die vorher nicht berücksichtigten allgemeinen Ziele bewußter. Der Wochenplan muß durch das Tagesprotokoll ergänzt werden, will man die Wirkungen der pädagogischen Arbeit erfassen. Er kann anstelle des Tagesplanes eingesetzt werden.

Fragen zur Erstellung eines Arbeitsplanes für eine Woche:

1. Für welche konkrete Kindergartensituation ist der Arbeitsplan gedacht?

   – mit/ohne Speisung
   – wie viele Gruppen
   – wie viele Kinder
   – aus welchen Sozialschichten
   - personelle Situation (Erzieherinnen, Helferinnen)
   – mit/ohne Putzfrau

2. Die Zeit, für die der Arbeitsplan gedacht ist:

   Woche vom ... bis ... 19 ...

3. Vorgehen bei der Erstellung des Arbeitsplanes:

3.1 In welchen Bereichen will ich die Kinder in der kommenden Woche bewußt fördern? (Es sind an sich immer alle Bereiche im Kindergarten angesprochen, solange nicht einseitig gearbeitet wird – man kann jedoch Schwerpunkte setzen.)

3.2.1 Welche Ziele verfolge ich in diesem(n) Bereich(en)?

3.2.2 Was will ich bei einem Kind (einigen Kindern oder der ganzen Gruppe) erreichen?

3.3.1 Welche freien Angebote stelle ich dafür besonders bereit? (fürs Freispiel: Spielmaterial; für die Bilderbuchecke: bestimmte Bilderbücher usw.)

3.3.2 Welche angeleiteten Beschäftigungen (Art/Technik) führe ich unter Berücksichtigung dieser Ziele durch?

3.4 Welche Themen/Inhalte können mir dabei behilflich sein?

Beispiel einer **Wochenplanung** für die erste Woche nach den Sommerferien

Arbeitsplan für die Woche vom _____ bis _____ 198___ im Kindergarten

Bereiche	Ziele	Freispiel	angeleit. Beschäftig.	Materialien/Medien
Persönlich-keitsbildung	**allgemein** miteinander spielen Aufgeschlossenheit	**Führung** gute, herzliche Atmosphäre schaffen	**Art/Technik** Übungen des täglichen Lebens	Spielmaterial (s. Angebote beim Freispiel) und Spiel im Freien
Sozial- und Spielerziehung	Hilfsbereitschaft Freude im Kind wecken	Kontakt mit den (neuen) Kindern aufnehmen Gefühle der Geborgenheit vermitteln	Einführen von Spielmaterial (bes. für die Neuen) Kreisspiele .... ✕	Liederbuch .... ✕ Gegenstände des tägl.
Umwelt-, Natur- und Sachbe-gegnung	**bestimmte Kinder** N. (der schon 1 Jahr da ist) nochmals beim Einführen in den Umgang mit Spielmaterial dazunehmen		ein Lied lernen .... ✕ Märchen erzählen ...... ✕ Bilderbuch betrachten ... ✕ (✕ = genau bezeichnen)	Gebrauchs .... ✕ Bilderbuch .... ✕ Märchenbuch .... ✕ was die Kinder von zuhause mitbringen
	bestimmte Kindergruppe neue Kinder mit den Räumen bekannt machen Spielmaterial anbieten u. einführen größere und bereits „heimische" Kinder einbeziehen	**Veränderungen im Gruppenraum** zuvor das schwierige „didaktische" Material weggeräumt (Uhr, Mengentrainer [Hauptserien des Freiburger Didakt. Mat.], Verkehrskiste)	**Bewegung/Spiel im Freien** (freie Möglichkeiten/ Rhythmik/Gymnastik/Turnen) Spiel im Freien: Sand und Sandspielzeug	Literatur .... ✕ (über schwierige Kinder, über Sozialerziehung im Kindergarten, über die Trennung von der Mutter oder ähnliches) (✕ = genau bezeichnen)
	ganze Gruppe als Gruppe sich allmählich wieder zu einer Gruppe zusammenfinden den Tagesrhythmus mit der Gruppe neu finden	**Material- und Spielangebote** Spielteppich mit Bauwagen Puppenecke Steckspiele, Perlen, Muggelsteine, Hammerspiele	**Elternarbeit** Kontakt aufnehmen beim Bringen und Abholen, vor allem der neuen Kinder Planen des 1. Elternabends in 3 Wochen (sich gedanklich damit befassen)	**Gedächtnisstütze** den Kindern, die jetzt alleine den Weg nach Hause gehen dürfen, Bestätigungen zum Ausfüllen und Unterschreiben mitgeben.

3.5 Welche Medien kann ich dabei verwenden? (zum Beispiel: Werkmaterial, Werkzeuge, Spielmaterial, Gegenstände des täglichen Gebrauchs, Kinderbücher,
Anleitungen, Literatur, technische Mittler usw.)

Man kann sich zur Erleichterung der Arbeit einen Vordruck
in der Form machen, wie er für das nebenstehende „Beispiel
einer Wochenplanung" verwendet wird.

4. Grundschema zur Vorbereitung angeleiteter Tätigkeiten

Schema:		Interpretation (zum Beispiel):
Vorbereitung	Tätigkeit	Spiel/Technik/Thema
	Dauer	10 bis maximal 30 Minuten
	Kinder	Anzahl/Alter
	Ort	Boden/Tisch/Kreis; Sitz-, Stehordnung; Lichteinfall; Platz der Erzieherin
	Material	welches – wie vorbereitet?
	Erste Hilfe	Pflaster; Brandsalbe
	eigene Vorarbeit	Geschichte für sich laut lesen; Lied auswendig können; eine Bastelei jedesmal neu ausprobieren, bevor man es mit den Kindern macht usw.
Bildungswert	Tätigkeitsziel (Handlungsziel)	Was machen die Kinder?
	Bildungsziel (Entwicklungsziel)	Was will ich damit bei den Kindern erreichen? (körperlich, handwerklich, geistig, sozial, emotional usw.)
Durchführung	Einführung	methodisch, Aufgabe der Erzieherin
	Teilschritte	Schwierigkeiten in der Sache, durch die Kinder, einzelne Phasen, Aufbau
	Abschluß	Aufräumen, Spielen, Betrachten, Übergang zur anschließenden Tätigkeit

Schema:	Interpretation (zum Beispiel):
Rückschau pädagogisch	Wie habe ich auf die Wünsche der Kinder reagiert? Habe ich alle Kinder einbezogen? Waren die Kinder unruhig – weshalb? Habe ich ein Kind übersehen, weil es zu still war? Habe ich mich dauernd um das lebhafteste Kind positiv/negativ gekümmert? War die Tätigkeit/Thematik den Kindern entsprechend? Hat es sie interessiert? Habe ich abbrechen müssen – weshalb? Wie hätte ich das Abbrechen vermeiden können? u. a. m.
methodisch	Arbeitsschritte zu groß/zu klein; dauerte zu lange/zu kurz Einstieg: zu lange Erklärung; Material zu früh/zu spät ausgegeben zu viele/zu wenige Kinder Beispiel/Muster nötig/überflüssig (beim Basteln) Mußte ich den Kindern vieles machen?
organisatorisch	War das Material entsprechend vorbereitet? War der Platz richtig gewählt? (Licht, Ruhe) War die Sitzordnung entsprechend, so daß die Kinder sich nicht gegenseitig stören? u. a. m. Zu allen Fragen: Wenn ja/nein – weshalb? Was wäre beim nächsten Mal – warum – anders zu machen?

5. Kartei für angeleitete Beschäftigungen

Die inhaltliche Gliederung kann analog der Bereiche, wie sie in einem Rahmenplan angeführt sind, vorgenommen werden. Es gibt verschiedene Möglichkeiten, und jede Erzieherin sollte die ihr gemäße Einteilung finden.

Die einzelne angeleitete Beschäftigung könnte auf einer Karteikarte in folgender Weise festgehalten werden:

Symbol	Alters-gruppe	Kinder-zahl	Material, Werkzeug	Dauer	lfd. Nr.

Tätigkeit	zum Beispiel: Apfelbaum reißen, Geschichte vom Pfannkuchen erzählen u.a.m.
Vorüberlegung	Wie geht die Technik (– selber ausprobieren)? Welche besonderen Schwierigkeiten entstehen bei dieser Technik (Werkzeughandhabung z.B.)? Wie sollte das Material vorbereitet werden? In welcher Form ist es anzubieten? Wann soll das Material ausgegeben, wann von den Kindern selbst genommen werden? Welche Menge je Kind? usw.
Arbeitsplatz	Lichteinfall, Platz(größe), Sitzordnung
Thema	Einführung in die Technik, das Thema
Arbeitsvorgang (Methode)	Unterteilung in Teilschritte, je nach dem Auffassungsvermögen der Kinder; oder als Ganzes erklären, je nach Inhalt, Schwierigkeit, Dauer, Tätigkeit.
Abschluß	der Tätigkeit (Thema, Werk, Erzählung)
Aufräumen	gemeinsam, jeder für sich, die Erzieherin – Verwendung der Arbeiten
Hinweise	Erfahrungen festhalten, die später wieder nützlich sein können bei dieser Beschäftigung.

6. Spielkartei

Für die Spielkartei kann folgende Einteilung hilfreich sein:

1. Bewegungsspiele
2. musische Spiele
3. Gesellschaftsspiele

4. Geschicklichkeitsspiele
5. Quizspiele
6. Wahrnehmungsspiele

Jede dieser Spielgruppen kann nochmals durch Symbole in weitere Gruppen unterteilt werden.

Die einzelne Karteikarte sollte folgendes enthalten:

Spiel- gruppe	Wirkung des Spiels*	Alter	Spieler- zahl	Material	Spiel- dauer	lfd. Nr.

Spielbezeichnung

Spielbeschreibung

    Material
    Spielplatz
    Spieleraufteilung
    Spielregel

methodische Hinweise

pädagogische Begründung (Bildungsziel)

Veränderungen der Spielregel

Vereinfachung(en)
    Regel der Vereinfachung
    methodische Hinweise
    pädagogische Begründung

Erschwerung(en)
    Regel der Erschwerung
    methodische Hinweise
    pädagogische Begründung

---

* Die „Wirkung" eines Spiels kann lebhaft, erheiternd oder ruhig, konzentrierend sein.

7. Förderkartei

Kindergarten

Name des Kindes   geb.

Adresse

im Kindergarten seit   ausgeschieden am

Bereich der Förderung*:

angefangen   abgeschlossen am   aufgehört am
                                                              weil:

Beobach-tung von Auffälligkei-ten bzw. Ver-änderungen im Verhalten, auch posi-tive	für jeweils 4 Wochen: Ziel und die Möglichkei-ten, es zu erreichen	davon durch-geführt	Begründung, warum etwas sich positiv oder negativ auswirkte

* Zum Beispiel: Sozialisation, Konzentration, Reaktionsvermögen, Spielverhalten, pflegerische Selbständigkeit usw.

8. Selbstbeobachtung der Erzieherin

Haben Sie bei sich versucht, einmal festzustellen, was Ursache oder Anlaß zu einer Verhaltens- oder Einstellungsänderung bei Ihnen wurde?

Hat Sie

1. eine Fortbildungstagung
2. eine Zeitschrift
3. ein Buch
4. ein Gespräch mit einer Kollegin
5. ein Gespräch mit einer Mutter, einem Vater
6. eine Äußerung eines Kindes
7. eine eigene Überlegung aufgrund einer entstandenen Situation
8. _____

veranlaßt:

- in Ihren Gruppenraum Möbel hineinzustellen, umzustellen, wegzunehmen?
- Spiel- und Beschäftigungsmaterial
  anzuschaffen,
  wegzuwerfen,
  nur zeitweise in die Gruppe zu geben,
  frei zur Verfügung zu stellen
  nur mit Erlaubnis zur Verfügung zu stellen,
  nur wenn Sie dabei sind, zur Verfügung zu stellen?
- Ihre Beziehung zu ändern
  zu einem Kind
  zu einer Kollegin
  zu einer Mutter/Vater, Familie
  zum Arbeitgeber
- Ihre Einstellung zu ändern in bezug auf:
  Ordnung, Sauberkeit, Gehorsam, Lärm und Unruhe?
- Bedingungen zu ändern wie:
  Gruppengröße, Putzfrau, Gehalt, Spielgeld, Spielgeräte, Materialbeschaffung usw.?

Machen Sie sich Notizen, wenn Sie auf eine eigene Verhaltens- oder Einstellungsänderung aufmerksam werden, und suchen Sie den Zusammenhang herauszufinden – positiv wie negativ. Sie lernen so sich selbst in Ihren Reaktionsweisen und in Ihrer pädagogischen Einstellung besser zu kennen und realistischer einzuschätzen.

Von den im Anhang angeführten Arbeitspapieren sind der „Wochenplan" und die „Förderkartei" Unterlagen, die in der Einrichtung bleiben sollten. Der Wochenplan dient als Nachweis für die Vorbereitung und enthält keine Reflexion.

Die Förderkartei ist nur solange aufzuheben, als mit dem Kind gearbeitet wird beziehungsweise solange das Kind in der Einrichtung ist. Scheidet die Erzieherin aus, so hat sie die Förderkartei zu vernichten.

Alle anderen Papiere: das Tagesprotokoll, der Tagesplan und die Selbstbeobachtung der Erzieherin dienen unter anderem auch der Reflexion und sind daher Unterlagen, die nur für die eigene Hand der Erzieherin bestimmt sind. Sie kann Einblick gewähren nach eigener Entscheidung, aber in die Hand anderer gehören sie nicht.

Ausgearbeitete angeleitete Beschäftigungen, Kartei für Beschäftigungen und Spielkartei sind individuell angelegtes Arbeitsmaterial, das jede Erzieherin für sich persönlich anlegen kann und auch mitnimmt, wenn sie die Stelle wechselt. Solches Material läßt sich zwar weitergeben, aber meist ist es so auf den Urheber zugeschnitten, daß ein anderer ohne Erklärung ziemlich wenig damit anfangen würde.

Alle hier angeführten Arbeitsunterlagen dienen der Intensivierung der Arbeit und erhalten schon von daher ein persönliches Gepräge.

Nachwort:
Die innere Entwicklung
des kindlichen Spielens

Den von außen beobachtbaren kindlichen Spielformen stehen in jedem Entwicklungsstadium andere innere Antriebe gegenüber. Deshalb stehen in jedem Alter andere Spielformen im Vordergrund, die in sozialer, emotionaler, moralischer, körperlicher und intellektueller Hinsicht die Entwicklung der kindlichen Persönlichkeit beeinflussen.

Kinder spielen anders als Erwachsene, die im Spiel nunmehr Entspannung, Abwechslung und Geselligkeit suchen. Aus dieser Warte ist der Erwachsene geneigt, das Spielen der Kinder als „Freizeitbeschäftigung" abzuwerten.

Bei der konkreten Auseinandersetzung des Kindes mit Gegenständen und Material verändert das Kind reale Dinge, indem es mit ihnen agiert, sie formt, zerstört oder verbindet. Hier zeitigt das Spiel reale Folgen in der sichtbaren Wirklichkeit.

Wird das Spiel vom Erleben des Spielers aus betrachtet, so kann der Beobachter gewahr werden, daß einerseits das Kind im Spiel handelnd Realität abbildet – z. B. im Rollenspiel – ohne äußere reale Folgen; andererseits muß die *Wirkung* des Spiels auf den Spieler selbst als reale Folge angesehen werden. Zudem vollzieht sich Spiel immer *innerhalb* der Realität – es schafft sich in ihr einen Freiraum für geistig-seelisches Geschehen, ohne sich von ihren Gegebenheiten zu trennen. Das heißt, die *Freiheit* des Spielers ist auf zwei Ebenen zu sehen:

– die innere Freiheit der Gestaltung durch Gefühle und Fantasie und
– die an die äußeren Gegebenheiten gebundene Freiheit, die durch Können und Kenntnis erarbeitet wird.

Durch das Spiel wird äußere Wirklichkeit (außer in der Auseinandersetzung des Kindes mit Material und mit Gegenständen) *nicht* verändert – aber das Kind wächst durch Spiele in die dingliche und soziale Wirklichkeit hinein. Der spielende Mensch verändert *sich* durch das Spielen[25]. Darauf beruht die Möglichkeit, Kinder durch Spielen überhaupt und Erwachsene durch Rollenspiel (Psychodrama) zu therapieren.

Kinder können im Sozialen Rollenspiel seelische Erlebnisse durchagieren und verarbeiten. Aber auch im Spiel mit Gegenständen und Material oder mit dem eigenen Körper lassen sich Gefühle ausdrücken, erleben und verarbeiten. Dabei stößt das Kind *immer* auch an die dingliche und soziale Umwelt, lernt diese und sich selbst dabei kennen und sein Spiel entsprechend zu gestalten. – Natürlich kann die dingliche und soziale Umwelt das Interesse des Kindes direkt ansprechen, das Kind zum Spielen veranlassen und es dadurch zu einer Auseinandersetzung herausfordern.

---

[25] Vgl. H. Scheuerl: Das Spiel, Weinheim ⁹1973, S. 171 (Beitrag zur ‚Formung des Ich').

Reale Folgen des gelungenen Spielens sind:

- für den Spieler selbst:
  - ausgeglichene Gemütslage (Zufriedenheit und Freude),
  - Aktivierung der Aufmerksamkeit (Konzentration),
  - Erwerb von Fähigkeiten, Fertigkeiten und Kenntnissen im Umgang mit Gegenständen, Material und Werkzeug,
  - Gestaltung sozialer Beziehungen zwischen den Spielpartnern usw.
- für die Sachumwelt:
  - Veränderungen an Gegenständen,
  - Materialgestaltungen.

Aufgrund der inneren Antriebe läßt sich die Entwicklung des kindlichen Spielens wie folgt darstellen. Dabei ist zu beachten, daß ein früheres Spielstadium nicht vom nächsten abgelöst wird, sondern das nächste tritt hinzu und gewinnt an Dominanz.

1. Aufmerksamkeit

Die ersten Spiele beginnen mit der Zuwendung des Säuglings auf etwas sich Bewegendes, und später versucht er danach zu greifen. Er empfindet Freude dabei und versucht es immer wieder. Es entsteht ein Hin und Her zwischen Beobachtung und Handlung, das von Freude begleitet ist. So entsteht die „Bewegungsgestalt Spiel" [26] oder der „Funktionskreis" [27] von Anspannung – Beobachtung und Handlung – Entspannung.

---

[26] H. Scheuerl: Das Spiel, S. 97.
[27] F. J. Buytendijk: Wesen und Sinn des Spiels. Das Spielen

2. Freude am Ausprobieren

Im *Funktionsspiel* geht das Kind mit seinen Bewegungsmöglichkeiten an die Dinge, Materialien, Werkzeuge
und Menschen heran und probiert, was damit „geht".

 Ein Kind, das den Ball bekommt und ihn
wegwirft, freut sich, wenn der Erwachsene
ihn ihm wiederbringt und es ihn gleich wieder wegwerfen kann. Der Säugling kräht vor
Vergnügen dabei, und meist ist der Erwachsene dieses Spiels früher überdrüssig als
das Kind.

Für ältere Kinder kann das Funktionsspiel das Rieseln-
Lassen des Sandes durch die Finger sein, das Planschen im
Wasser, das Matsch-Machen und sich „Stiefel" aus
Schlamm anziehen.

Schulkinder kennen noch die Funktionsspiele: Schaukeln,
Wippen, Balancieren, eine Wasserschlacht austragen.

Jugendliche und Erwachsene betreiben Funktionsspiele
meist nur noch dann, wenn sie sich langweilen und auf ihr
Konzeptpapier Männchen oder Muster malen; aber auch,
wenn sie ausprobieren, wie rasant sie mit dem neuen Auto
um die Ecke fahren können oder wie schnell sie fahren müssen, damit die Mitfahrenden aufschreien; oder wenn ange-
hende Werklehrer bei der ersten Begegnung mit Ton zum
Töpfern Kügelchen machen, die sie an die Zimmerdecke
schießen und die dort kleben bleiben.

Im Funktionsspiel hat das Kind Freude an einer neu
entdeckten Fähigkeit im Umgang mit sich selbst und/
oder Material oder Gegenständen. Es lernt dabei, seine
Fähigkeiten zu üben, zu verstärken, zu erweitern, und
sammelt Erfahrungen mit Material, Werkzeug, anderen Gegenständen, sich selbst und seiner sozialen Umwelt. Diese Erfahrungen sind die Grundlage, auf der

---

des Menschen und der Tiere als Erscheinungsform der Lebenstriebe, Berlin 1933, S. 125.

sich das Kind sein Weltbild aufbaut und sich selbst kennenlernt. Es be-greift dabei seine Umwelt.

3. Die Fantasie wird lebendig

Gegen Ende des zweiten Lebensjahres kann das Kind sich einfache Handlungen vorstellen und sie ausführen: *Fiktionsspiele.*

 Es tut so, als ob es sich die Hände wasche; ohne Seife und Handtuch.

Das Kind fängt an, Bausteine aufeinander zu schichten, Dinge ineinander zu stecken, also Zusammenhänge zu schaffen – zu konstruieren: *Konstruktionsspiele.*

 Der erste Turm entsteht oder eine Mauer. Töpfe werden nach Größe ineinander gestellt.

Das Kind hat herausgefunden, daß Stifte, Kreide, Kugelschreiber u. ä. Farbspuren hinterlassen und wendet dieses Wissen mit Vergnügen an. Auch mit anderem Material, z. B. Knet, probiert es aus, was es damit kann: *Gestaltungsspiele.*

 Aus einem anfänglich gemalten Auto wird eine Blume gemalt.
    Aus Knetmasse wird ein Gegenstand gemacht, der dann gleich in einen anderen Gegenstand verwandelt wird.

Der Prozeß des Tuns ist dem Kind über lange Zeit hinweg wichtig, nicht das Ergebnis, d. h., der *Weg* selbst ist das *Ziel*, nicht das fertige Produkt.

Bei diesen Spielegruppen beginnt sich die Fantasie im Kind zu regen und zu entfalten. In ausdifferenzierteren Formen bleiben diese Spiele für Kinder lange interessant.

Aus den Fiktionsspielen entsteht das Soziale Rollenspiel, aus den Konstruktionsspielen das Bauen, aus den Gestaltungsspielen die Tätigkeiten des Malens, Modellierens usw. Dabei erwirbt das Kind Geschicklichkeit im Umgang mit Werkzeug und Material, mit Kindern und Erwachsenen, mit seiner Fantasie, die es noch manchmal überfluten und so ängstigen kann.

Auch diese Spiele sind – obgleich im Kindergartenalter dominierend – später noch anzutreffen: Fiktionsspiel als Neckerei; Konstruktionsspiele mit differenziertem Material; jeder künstlerische Ausdruck geht auf die Freude am Gestalten zurück.

4. Gefühle – wie gehe ich damit um?

Mit der Fantasie macht das Kind die Erfahrung von Innenwelt und Außenwelt, ohne sie scharf voneinander trennen zu können. Hat die Fantasie nichts Überflutendes, Beängstigendes mehr an sich, so kann das Kind sie im *Sozialen Rollenspiel* einsetzen und mit ihr umgehen. In dieser Zeit beginnen die Gefühle in das kindliche Bewußtsein einzudringen, und es lernt, sie zuzulassen oder sie abzudrängen, je nachdem es das Spiel erlaubt. Die Kinder probieren Gefühle aus, indem sie sich in die Situation von Vater, Mutter, Baby, Kind, Löwe usw. versetzen, die Rollen miteinander aushandeln und sie dann gestalten.

Drei Kinder spielen „Zahnarzt", und jedes weiß, was es ist: Kind, dem der Zahn weh tut; Mutter, die sich um ihr Kind kümmert; Zahnarzt, der den Zahn zu behandeln oder zu ziehen hat.

Da die Kinder immer unterscheiden müssen zwischen ihren Gefühlen zueinander, die die Rolle mit sich bringt, und ihren eigenen augenblicklichen Gefühlen, sind diese Spiele Übungsfeld für Einfühlungsvermögen und für Distanz zu sich selber. Daneben lernen die Kinder, ihre Wünsche und Ideen sprachlich zu formulieren, denn nur so können sie einander verstehen.

Das Soziale Rollenspiel beginnt im Kindergarten und hat seinen Höhepunkt im Grundschulalter. Es findet sich noch in den Rätsel-Scharaden Jugendlicher und Erwachsener oder – zur Methode ausgebaut – in der Therapieform des Psychodrama.

5. Selbstdisziplin – wozu?

Später, wenn die *Regelspiele* den Hauptanteil des kindlichen Spielens ausmachen – im Schulkindalter – haben die Kinder sich und ihre Gefühle ein Stück weit in den Griff bekommen und können in den Regelspielen den Umgang mit ihren Gefühlen üben. Sie spielen nur so lange gut miteinander, wie sie ein gewisses Maß an Selbstdisziplin aufbringen, sich an die Spielregeln – vorgegebene oder selbst ausgehandelte – halten und auch verlieren können, d.h., die Kinder beginnen, an sich selbst Anforderungen zu stellen, und die Trennung der Innenwelt von der Außenwelt wird schärfer. Sie lernen, zugunsten eines gemeinsamen Interesses – des Spielfortgangs – eigene Bedürfnisse zurückzustellen. In diesem Zusammenhang ist auch die Bedeutung der kooperativen Spiele zu sehen.

Als Beispiele für bekannte kooperative Spiele seien der „Wundergarten" oder „Der Räuber Hotzenplotz" genannt.

In den Regelspielen gewinnt die Auseinandersetzung mit dem eigenen Können und mit den Mitspielern an Bedeutung. Regelspiele – wie das folgende Beispiel – haben oft auch ein Zufalls-(Überraschungs-)Moment.

„Halli, hallo" – ein Ballspiel, bei dem von z. B. 5 Kindern vier nebeneinander stehen, das fünfte (als Hauptspieler) den Ball hat und ihn dem ersten Kind in der Reihe zuwirft mit der Aufforderung: „Eine Stadt mit M". So bekommen alle vier Spieler den Ball zugeworfen. Hat keiner der Spieler die Stadt erraten, folgt ein neuer Durchgang mit „Ma" usw. Wer die Stadt als erster richtig geraten und dabei den Ball zurückgeworfen hat, für den wirft der Hauptspieler den Ball hoch in die Luft mit „halli, hallo!" und rennt dabei so weit weg, bis der andere Spieler den Ball in Händen hat und „halt" rufen darf. Der Hauptspieler macht mit den Armen und Händen ein großes Rund, durch das der andere Spieler den Ball werfen muß. Drei große Schritte auf den Hauptspieler zu sind ihm erlaubt. Trifft er in das Rund, darf er Hauptspieler sein. Ansonsten ist er wieder Spieler in der Reihe.

Regelspiele sind die Spiele, die auch Erwachsene noch spielen. Dort haben sie – außer vielleicht in einem therapeutischen Zusammenhang – nicht mehr die Funktion, die Entwicklung der Persönlichkeit mitzufördern, sondern sie dienen der Geselligkeit, dem Ausspannen, der Abwechslung.

6. Die Leistung steht im Mittelpunkt

Schulkinder haben Freude an *Wettspielen*, die zwar auch Regelspiele sind, aber bei ihnen genügt die Selbstdisziplin nicht, um das Spiel gelingen zu lassen. Es kommt die Freude an der eigenen Leistung und das Interesse am Leistungsvergleich hinzu. Wettspiele sind ein gutes Übungsfeld, um sich in seiner Leistung im Einzelvergleich oder im Gruppenvergleich zu erfahren. Zugleich werden die eingesetzten Fähigkeiten und Fertigkeiten oder Kenntnisse geübt und erweitert.

 Alle Staffettenspiele gehören hierher, aber auch: unter Zeitdruck z. B. die beste Zugverbindung mit allen Abfahrts- und Ankunftszeiten und den Umsteigemöglichkeiten aus einem Fahrplan herauszusuchen, oder „Stadt, Land, Fluß".

7. Der Zufall alleine bestimmt das Spiel

An den Regelspielen, die durch den Zufall bestimmt sind, lernt das Kind das Verlieren-Können, ohne sich selbst dadurch abgewertet zu fühlen – für ältere Kindergarten-Kinder manchmal noch sehr schwer. Im Schulalter gelingt dies den Kindern weit eher.

 „Mensch, ärgere dich nicht!" oder „Fang den Hut" sind solche Spiele.

Glücksspiele, die Erwachsene spielen, erzeugen eine hohe Spannung, aber sie bieten in keiner Weise eine

Weiterentwicklung der Persönlichkeit und führen nicht selten zur Spielsucht.

8. Kulthandlungen als „hohes Spiel"

Menschen, die innerlich lebendig sind, müssen sich ausdrücken. In der religiösen Kultfeier bringen sie sich selbst im heiligen Spiel vor Gott dar[28]. Hier gewinnt das „gemeinsame Spiel" der Erwachsenen an Tiefe, Freude und Ernst wieder, was dem kleinen Kind bei seinem Spiel noch Selbstverständlichkeit ist.

[28] J. Huizinga: Homo ludens, Köln o.J., 3. Aufl.

Übersicht der Spielentwicklung bei Kindern

1.	Aufmerksamkeit	Bewegliches fordert die Aufmerksamkeit des Säuglings heraus, die mit Freude verbunden ist, wenn er etwas wiedererkennt.
2.	Funktionsspiele	Das Kind probiert aus, was es selbst mit einem Zipfel seiner Bettdecke machen kann: lutschen, reißen, wegschieben, heranziehen.
		Die Aufmerksamkeit hat sich gefestigt und ist so dem Kind verfügbar, daß es Ausdauer zeigt bei den Erkundungen mit sich und seiner sozialen und materiellen Umwelt.
3.	Fantasiespiele	
3.1	Fiktionsspiele	Eine Handlung wird ohne Gegenstände ausgeführt.
3.2	Konstruktionsspiele	Material wird zu Gebilden gefügt, die die Vorstellung anregen.
3.3	Gestaltungsspiele	Material, die eigene Stimme, der eigene Körper, das eigene Verhalten werden entdeckt und auf ihre Wirkungen hin erprobt.
		In den Fiktionsspielen hat das Kind einen ersten Schatz an Erfahrungen mit sich selbst und seiner sozialen und materiellen Umwelt gesammelt, der die Grundlage für seine ersten Vorstellungen abgibt.
4.	Soziales Rollenspiel	Die Kinder probieren aus, welche Gefühle sie zueinander haben und welche sie in einer vorgestellten Rolle haben, denn sie können ihre Vorstellungen inzwischen von der äußeren Realität gut unterscheiden.
5.	Regelspiele	Die Kinder muten sich zu, nach Normen zu handeln und ihre Gefühle ein Stück weit dabei hintanzustellen. Sie üben sich in Selbstdisziplin, damit ein gemeinsames Spiel gelingen kann. Sie können unterscheiden zwischen den Gefühlen zueinander und denen, die das gemeinsame Spiel mit sich bringt.
6.	Wettspiele	Das Kind hat Mut zu sich selbst und ist bereit, im Leistungsvergleich Niederlage und Ansporn zu finden. Es hat gelernt, sich nicht nur nach seinem Gefühl, sondern auch sich seinem Willen entsprechend zu verhalten.
7.	Glücksspiele	Das Kind lernt, auch unberechenbare Situationen anzunehmen; hier vor allem auch: zu verlieren. Der Zufall sorgt für die Spannung, die zu jedem Spiel nötig ist.
8.	Das „hohe Spiel"	In die religiösen Kulthandlungen bringt der Erwachsene vor Gott bewußt das an Tiefe, Ernst und Freude, Trauer und Schmerz wieder ein, das ihm als kleines Kind bei seinem Spiel noch Selbstverständlichkeit war. Der Erwachsene, für den dieser Bereich Bedeutung besitzt, hilft auch seinen Kindern, am „heiligen Spiel" Anteil zu nehmen.

Literaturhinweise

1. Literatur, auf die im Text hingewiesen wurde

G. Beekmann: Freies Werken im Kindergarten, in: kindergarten heute, Heft 2/1979, Verlag Herder Freiburg

B. Biber: Wachsen im Spiel, in: A. Flitner (Hrsg.): Das Kinderspiel, München 1973 und Neuausgabe 1978

F. Brüggemann / N. Ebner: Verhaltensauffällige Kinder, in: kindergarten heute, Heft 1/1979, Verlag Herder Freiburg

F. J. Buytendijk: Wesen und Sinn des Spiels. Das Spielen des Menschen und der Tiere als Erscheinungsform der Lebenstriebe, Berlin 1933

A. Flitner: Spielen-Lernen. Praxis und Deutung des Kinderspiels, München 1972

A. Flitner (Hrsg.): Das Kinderspiel 1973, Neuausgabe 1978

B. Irskens u. a.: Auffällige Kinder. Materialien für die sozialpädagogische Praxis 1, Frankfurt a. M. 1978

S. Hebenstreit: Spieltheorie und Spielförderung im Kindergarten, Stuttgart 1979

H. Hetzer: Spielen lernen – Spielen lehren, München ³1971

H. Hetzer: Spiel und Spielzeug für jedes Alter, München ¹⁵1976

D. Höltershinken: Spielzeit. Wissenswertes über Spielzeug und Kinderspiele, Freiburg 1980

F. Hoerburger / H. Segler (Hrsg.): Klare, klare Seide. Überlieferte Kindertänze aus dem deutschen Sprachraum, Kassel 1962

J. Huizinga: Homo ludens, Köln o. J., 3. Aufl.

G. Hundertmarck: Soziale Erziehung im Kindergarten, Stuttgart ⁹1978

R. Krenzer, Wir feiern heute Sommerfest. Reihe: Praxismaterial Kindergarten, Freiburg 1987

M. Maas: Das freie Spiel im Kindergarten. Aufgaben der Erzieherin beim Freispiel, in: kindergarten heute, Heft 2/1974, Verlag Herder, Freiburg

H. Merker / B. Rüsing / S. Blanke: Spielprozesse im Kindergarten, München 1980

H. Müller/P. Oberhuemer: Kinder wollen spielen, Freiburg 1986.

W. Neuwirth: Der Gruppenraum – Werkzeug der Erzieherin. Sonderdruck aus der Fachzeitschrift für Kindergärten, Horte und Heime „Unsere Kinder", Hrsg. und Eigentümer: Caritas der Diözese Linz im Auftrag der Österreichischen Caritaszentrale (Schriftverkehr: Redaktion „Unsere Kinder", Seilerstätte 14, A–4010 Linz/Donau) – ist über den Buchhandel *nicht* erhältlich.

H. Scheuerl: Das Spiel. Untersuchungen über sein Wesen, seine pädagogischen Möglichkeiten und Grenzen, Weinheim (1954), Neuausgabe 1979

J. Schlemmer (Hrsg.): Die Verachtung des Gemüts. Argumente für eine neue Wertung, München 1974

U. Schwarz: Der Naturgarten. Mehr Platz für einheimische Pflanzen und Tiere. Hrsg. World Wildlife Fund (WWF), Frankfurt a. M. 1980

2. Aufsätze und Arbeitspapiere, die sich direkt mit dem Freispiel befassen

M. Caiati / S. Delac / A. Müller: Freispiel – Freies Spiel? Erfahrungen und Impulse, München 1984

M. Almy: Unterstützung des freien Spiels im Kindergarten, in: A. Flitner (Hrsg.): Das Kinderspiel, München 1973 (nicht in der Neuausgabe von 1978)

M. Almy: Das freie Spiel als Weg der geistigen Entwicklung, in: A. Flitner (Hrsg.): Das Kinderspiel, München 1973 und Neuausgabe 1978

G. Beekmann: Freies Werken im Kindergarten, in: kindergarten heute, Heft 2/1979, Verlag Herder Freiburg

B. Biber: Wachsen im Spiel, in: A. Flitner (Hrsg.): Das Kinderspiel 1973 und Neuausgabe 1978

Entwurf der vom Kultusministerium von Baden-Württemberg eingesetzten FACHGRUPPE ELEMENTARERZIEHUNG, Schwerpunkt: Freispiel – ca 1975/76

Jugendamt Stuttgart, Rundschreiben Nr. 7, Februar 1974, betr.: Freispiel

D. Leineweber: Praxisbericht. Die sozialpädagogische Funktion des Erziehers beim Freispiel, in: Sozialpädagogische Blätter, Heft 4/1977, Verlag Quelle & Meyer

G. Lorentz: Wiese, Sand und Schaukel. Das Spiel im Freien, in: kindergarten heute, Heft 3/1980, Verlag Herder Freiburg

G. Lorentz: Freispiel im Kindergarten. Spielen und Lernen, in: kindergarten heute, Heft 4/1980

G. Lorentz: Wozu soll Spielen für Kinder gut sein?, in: kindergarten heute, Heft 4/1983, S. 174–181.

G. Lorentz: Spiel als Bewegungsgestalt. Das Spiel-Moment – ein Zugang zum Verständnis der inneren Entwicklung des Kinderspiels (gekürzte Fassung eines unveröffentlichten Manuskriptes), erschienen in Heft 5 der „Sozialpädagogischen Blätter" 1987, Wiesbaden

G. Lorentz: Spiel als Bewegungsgestalt, gekürzte Fassung eines unveröffentlichten Manuskriptes, in: Sozialpädagogische Blätter, Hrsg.: Pestalozzi-Fröbel-Verband, Heft Nr. 5/1987.

G. Lorentz: Das Freispiel im Kindergarten (dargestellt für Eltern), in: kindergarten heute, Verlag Herder, Freiburg, Heft Nr. 6/1990.

M. Maas: Das freie Spiel im Kindergarten. Aufgabe der Er-

zieherin beim Freispiel, in: kindergarten heute, Heft
2/1974, Verlag Herder, Freiburg

Ch. Merz: Freiheit, die ich meine ... Das Freispiel als
Übungsfeld für die Freiheit, in: kindergarten heute, Heft
3/1979, Verlag Herder Freiburg

R. Zimmer, Kreative Bewegungsspiele, Freiburg 1989

Raum für Notizen und Anmerkungen

Raum für Notizen und Anmerkungen

Praxisbuch Kindergarten
Für Ausbildung und Beruf

Sozial-Emotionale Erziehung

Ruth Bleckmann
Soziales Verhalten im Kindergarten
Die Praxis der kleinen Schritte
ISBN 3-451- 20122-4

Alexander Sagi
Verhaltensauffällige Kinder im Kindergarten
Ursachen und Wege zur Heilung
ISBN 3-451-19324-8

Ingeborg Becker-Textor
Schwierige Kinder gibt es nicht – oder doch?
„Problemkinder" im Kindergarten
ISBN 3-451-21451-2

Hedi Friedrich
Beziehungen zu Kindern gestalten
Einsichten und Übungen für den Alltag
ISBN 3-451-22960-9

Wolfgang Longardt
Leben im Jahreskreis
Frühling und Sommer im Kindergarten
ISBN 3-451-20121-6

Wolfgang Longardt
Ermutigung zum Glauben
Von und mit Kindern lernen
ISBN 3-451-21231-5

In Ihrer Buchhandlung erhältlich

Praxisbuch Kindergarten
Für Ausbildung und Beruf

Musik und Bewegung

Fink-Klein/Peter-Führe/Reichmann
Rhythmik im Kindergarten
Erlebnisreiche Spielformen mit Musik-Bewegung-Sprache
ISBN 3-451-20127-5

Renate Zimmer
Kreative Bewegungsspiele
Psychomotorische Förderung im Kindergarten
ISBN 3-451-20129-1

Zimmer/Clausmeyer/Voges
Tanz-Bewegung-Musik
Situationen ganzheitlicher Erziehung im Kindergarten
ISBN 3-451-22176-4

Tonkassette **Tanz-Bewegung-Musik**
Best.-Nr.-22475

Hermann Große-Jäger
Freude an Musik gewinnen
Erprobte Wege der Musikerziehung im Kindergarten
ISBN 3-451-19326-4

Tonkassette **Freude an Musik gewinnen**
Best.-Nr. 20024

In Ihrer Buchhandlung erhältlich